南無日蓮大聖人

冨士大石寺顕正会
会長
浅井昭衞

南無日蓮大聖人　目次

第一章　末法の御本仏日蓮大聖人

全人類を現当二世に救済

日蓮大聖人は、末法の全人類を三大秘法を以て、現当二世《げんとうにせい》にわたりお救い下さる下種《げしゅ》の御本仏であられる。

末法とは、印度の釈迦仏が入滅してより二千年以降《いこう》の時代を指す。この末法は、人々の貪欲《とんよく》（むさぼり）・瞋恚《しんに》（いかり）・愚癡《ぐち》（おろか）の三毒《さんどく》が強く盛んになり、世の中には凶悪《きょうあく》犯罪が横行し、戦争は段々と大規模になり、ついには人類絶滅の危機すら招くに至る時代である。

この濁悪《じょくあく》の世の中にあって人々は幸福を求めるが、三毒を本《もと》にした幸せは永続せずにすぐ崩れる。また三世の因果を知らぬから宿命のままに流され、現世には家庭不和・病気・経済苦等さまざまな人生の苦を味わい、そして臨終に悪相を現《げん》じて死後には悪道に堕《だ》する。これが末法の大衆の実相である。

これら末法の一切衆生を、現当二世《げんとうにせい》にわたってお救い下さるために、日蓮大聖人は世に出現されたのである。

現当二世の救済

「現当二世」とは、現世《げんせ》と当来世《とうらいせ》（未来世）のことである。生命はこの世限りのものではない。仏法を知らぬ現代人の、生命に対する最大の無智と偏見は「死ねばそれまで、生命はこの世限り」と思っていることである。しかし無《む》から有《う》は生じないし、有《う》はまた無《む》にはならない。すなわち生死《しょうじ》というものは、永遠の生命が常住《じょうじゅう》していく上での、存在形態の変化に過ぎない。

ゆえに生命は生死をくり返しながら、過去世から現世、現世から来世へと永遠に続く。そしてまたその三世にわたって、因果は一貫して繋《つな》がっているのである。ゆえに過去世の所行《しょぎょう》により現世の幸・不幸は決まり、また現世の所行により臨終の善悪、そして来世の果報は決まるのである。

現世はわずか七十年、未来は永遠である。ゆえにたとえ過去の福運によって現世にわずか恵まれたとしても、もし死後の長き未来に大苦を受けるならば、現世の幸せはただ夢の中の夢に過ぎない。

また過去世の宿業《しゅくごう》により一生を不幸に泣き、そのうえ未来も悪道に堕《だ》するならば、不幸の上の不幸といわねばならぬ。

ここに真の幸福は、現当二世にわたるものでなければならない。そして この無上の大幸福は、日蓮大聖人の三大秘法によってのみ得られるのである。

三大秘法を以て

日蓮大聖人は、末法に入って百七十一年目に日本に御出現された。そして透徹《とうてつ》した御智恵《おんちえ》を以て御自身の生命を深く深く見つめられ、ついに「南無妙法蓮華経」という、宇宙法界《うちゅうほうかい》をも包含《ほうがん》する生命の極理《ごくり》をお覚《さと》りになられ、永遠に崩れぬ幸福境界を確立された。この最高無上の幸福境界を「成仏《じょうぶつ》」という。

大聖人の御一代の上にこのことを拝するならば、あの龍の口における大現証こそ、日蓮大聖人が金剛《こんごう》不壊《ふえ》の成仏の大境界を証得されたことを顕わすものである。

この大境界に住せられた大聖人の御心は、なんとかして一切大衆をもこの成仏の境界に入れしめたいとの思いだけであられた。

ここに大聖人は大慈悲を起こし、御自身のお覚《さと》りの全体を一幅《いっぷく》の御本尊に顕《あら》わし、末法の一切衆生の成仏修行の対境《たいきょう》となし給うたのである。ゆえに

「日蓮が魂《たましい》を墨《すみ》にそめ流して書きて候ぞ、信じさせ給へ。仏の御意《みこころ》は法華経なり、日蓮が魂《たましい》は南無妙法蓮華経に過《す》ぎたるはなし」（経王殿御返事）

また観心本尊抄《かんじんのほんぞんしょう》には

「一念三千《いちねんさんぜん》を識《し》らざる者には、仏《ほとけ》・大慈悲を起こし、五字の内に此《こ》の珠《たま》を裹《つつ》み、末代幼稚《まつだいようち》の頸《くび》に懸《か》けさしめ給う」と仰せられる。

「一念三千」とは大聖人がお覚りになられた生命の極理。これを知らずに苦悩する末法の大衆のために御本仏は大慈悲を起こし、御本尊にこの極理を顕わして末法の全人類に授与し給うたのである。

この御本尊こそ、いま富士大石寺に留《とど》め置かれた「本門戒壇《ほんもんかいだん》の大御本尊」である。

もしこの御本尊を信じ南無妙法蓮華経と唱えれば、いかなる過去の罪障《ざいしょう》も消滅し、今生《こんじょう》には生活が守られ、後生《ごしょう》には成仏の大果報を必ず得る。すなわち現当二世にわたって救われるのである。

ゆえに「本門戒壇の大御本尊」の脇書《わきがき》には

「右、現当二世《げんとうにせい》の為《ため》、造立件《ぞうりゅうくだん》の如《ごと》し」

との有難き仰せを拝する。

総本山第二十六世・日寛《にっかん》上人は、この大御本尊の功徳を次のごとく讃歎《さんたん》しておられる。

「この本尊の功徳《くどく》、無量無辺《むりょうむへん》にして広大深遠《こうだいじんのん》の妙用《みょうゆう》あり。故《ゆえ》に暫《しばら》くもこの本尊を信じて南無妙法蓮華経と唱うれば、則《すなわ》ち祈りとして叶《かな》わざるはなく、罪《つみ》として滅《めっ》せざるはなく、福《ふく》として来《きた》らざるはなく、理《り》として顕《あらわ》れざるはなきなり」と。

そしてこの大御本尊を広宣流布の暁《あかつき》に国立戒壇《こくりつかいだん》に安置し奉れば、その時日本は不壊《ふえ》の仏国となる。またさらに全世界がこの本門戒壇を中心とするに至れば、地球上は事《じ》の寂光土《じゃっこうど》となる。大聖人の究極の御《ご》願業《がんぎょう》はここにあられる。

日蓮大聖人と釈迦仏との関係

さて「末法下種の御本仏」ということについては、釈迦仏《しゃかぶつ》との関係において、さらに明確に拝さなくてはならない。

世間では仏教の元祖は印度に出現した釈迦仏だと思っているが、これは大きな間違いである。実は過去にも無数の仏が出現されている。このことは釈尊自身が、あるいは日月燈明仏《にちがつとうみょうぶつ》・燃燈仏《ねんとうぶつ》・大通智勝仏《だいつうちしょうぶつ》・雲雷音王仏《うんらいおんのうぶつ》・日月浄明徳仏《にちがつじょうみょうとくぶつ》等と、その名を法華経にも挙《あ》げている。

過去だけではない、未来にも仏は出現する。またこの地球上だけではない、他の天体にも衆生があれば仏は化導《けどう》を垂《た》れる。この無数の仏を「三世十方《さんぜじゅっぽう》の諸仏《しょぶつ》」と総称する。印度出現の釈尊は、そのうちの一仏だったのである。

種熟脱の三益

これら三世十方の諸仏と日蓮大聖人との関係はどのようなものなのか。これを知るには、種《しゅ》・熟《じゅく》・脱《だつ》の三益《さんやく》ということを弁《わきま》えなくてはならない。

「種熟脱《しゅじゅくだつ》の法門、法華経の肝心《かんじん》なり。三世十方の仏は必ず妙法蓮華経の五字を種《しゅ》として仏に成《な》り給へり」（秋元御書）との仰せがこれである。

およそこの宇宙法界には、無始《むし》の始めより無終《むしゅう》の終りに至るまで仏が常住し、その化導は絶えることがない。そして仏は種・熟・脱の三益を以て一切衆生を利益しておられる。

すなわち、仏が始めて衆生の心田《しんでん》に仏に成《な》る種《たね》を下《くだ》す、この化導を下種益《げしゅやく》という。次に、下《くだ》された仏種を育成・調熟《ちょうじゅく》する、これが熟益《じゅくやく》。そして最後に仏種《ぶっしゅ》を熟《じゅく》し成仏せしめる、これが脱益《だっちゃく》である。

仏はこの三益の化導を、凡夫の思慮《しりょ》も及ばぬ長き時間をかけて循環《じゅんかん》して行っておられる。

久遠元初の下種

始めの下種が行われた時を久遠元初《くおんがんじょ》という。今からどれほどの昔になるか、いかなる算数《さんじゅ》・譬喩《ひゆ》を以てしてもその年数を表わすことはできない。法華経には釈尊の久遠《くおん》の成道《じょうどう》を「五百塵点劫《ごひゃくじんでんごう》」の昔と、気の遠くなるような表現を用いて表わしているが、久遠元初はこの「五百塵点劫」の時をさらに溯《さかのぼ》ること久々遠々《くくおんのん》の大昔である。

その時、一人の聖人《しょうにん》がましました。この聖人は御自身の生命を深く観《かん》ぜられ、ついに南無妙法蓮華経という生命の極理を証得《しょうとく》され、成仏の大境界に立たれた。この最初の仏を「久遠元初《くおんがんじょ》の自受用身《じじゅゆうじん》」と申し上げる。すなわち下種の本仏である。

この本仏は大慈悲を起こし、なんとか一切衆生をもこの成仏の境界に入れしめようと、我も唱え人にも「南無妙法蓮華経と唱えよ」とお勧《すす》めになられた。

この時の大衆は未だ曽って仏の下種を受けたことのない荒凡夫《あらぼんぶ》ばかりで、悪口《あっく》して逆《さか》う者もあれば、また素直に信ずる者もあった。

素直に信じて南無妙法蓮華経と唱えた者は、一生のうちに成仏を遂《と》げた。すなわち下種の仏法は、一生のうちに種《しゅ》・熟《じゅく》・脱《だつ》が含まれる「一生成仏の大法」なのである。

しかし悪口して逆《さか》った者や、信じても途中で退転《たいてん》した者は一生成仏が遂《と》げられず、悪道に堕《だ》して未来無《む》数劫《しゅこう》を展転《てんでん》した。しかしこの逆謗《ぎゃくぼう》の者も、下種の本仏の化導により、未来に成仏すべき仏種は、この時たしかに下《おろ》されたのである。これが久遠元初の下種である。

熟・脱の化導

さて、下種仏法中において誹謗《ひぼう》あるいは退転した衆生は、いったんは悪道に堕《だ》するが無《む》数劫《しゅこう》ののち再び生れてくる。この時、仏もまた機《き》を感じて出現し、今度は熟益《じゅくやく》・脱益《だっちゃく》の化導を行う。

この熟脱の化導をする仏は、いずれも「三十二相《さんじゅうにそう》・八十種好《はちじゅうしゅごう》」を以て身を荘厳《しょうごん》している。三十二相とは、両眉《りょうまゆ》の間に白い毛がうず巻いている「眉間白毫相《みけんびゃくごうそう》」とか、頭頂《ずちょう》が盛り上がっている「頂上肉髻相《ちょうじょうにくけいそう》」等をいう。熟脱の仏はこのような三十二相を以て身を荘厳《かざ》り、見る者をして愛好《あいごう》・尊敬《そんきょう》の念を懐《いだ》かしめるのである。

そして過去の下種を覚知《かくち》させるためにまず爾前経《にぜんきょう》、次に法華経の迹門《しゃくもん》を説いて機を調熟《ちょうじゅく》し、さらに本門寿量品を説いて得脱《とくだつ》せしむる。これが熟脱の仏の化導である。

これら熟脱の仏は、垂迹《すいしゃく》第一番といわれる五百塵点劫《ごひゃくじんでんごう》の昔より、三千年前印度に出現した釈迦仏に至るまで、どれほど多数出現されたことであろうか。これらの仏を三世十方の諸仏というのである。

そして、これら三世十方の諸仏は、ことごとく久遠元初の自受用身の垂迹《すいしゃく》である。垂迹とは衆生利益のための応化身《おうけしん》のこと、すなわち本已有善《ほんいうぜん》（過去に既《すで》に下種されている衆生）を利益するため、久遠元初の自受用身が名字凡夫《みょうじぼんぶ》の本身《ほんしん》を隠《かく》し、三十二相をつけて応化された姿なのである。

されば三世十方の諸仏はその数恒沙《かずごうしゃ》のごとくであっても、根本の久遠元初の自受用身はただ一仏。また三世十方の諸仏の説く経々は無数であっても、下種の本法・南無妙法蓮華経はただ一法。すなわち諸仏・諸経はことごとく久遠元初の本仏・本法より生じ、そしてこれに帰趣《きしゅ》する。たとえば百千の枝葉《しよう》が一根より生じ一根に帰するのと同じである。

さて印度の釈尊は、久遠元初以来長きにわたる三益《さんやく》の化導の最後に出現した熟脱の仏である。この釈尊の説法により、久遠元初に下種を受けた衆生はことごとく脱し終わり、また在世に洩《も》れた者も、その後正像二千年の間に生まれ、釈尊の弟子たる観音《かんのん》・薬王《やくおう》等の菩薩《ぼさつ》によって得脱したのである。

末法は即久遠元初

かくて末法に入ると、過去に下種を受けた者は一人もなくなり、本未有善《ほんみうぜん》の荒凡夫で充満する。久遠元初と全く同じ状態が再現するのである。遥《はる》かなる長遠《ちょうおん》の種・熟・脱の三益はここに一巡《いちじゅん》して、歴史は最初下種の時に戻《もど》ったのだ。ゆえに末法は即《そく》久遠元初、久遠元初は即《そく》末法である。

さればこの末法の始めに、久遠元初の自受用身は御出現される。この御方《おかた》こそ、まさしく日蓮大聖人その人であられる。

釈迦仏の予言

釈尊の一大使命は、この御本仏の末法出現を証明し、末法の一切大衆に信ぜしむるところにある。このために法華経は説かれた。法華経は、一往は舎利弗《しゃりほつ》・目連《もくれん》等在世の衆生を得脱せしめるためであるが、再往《さいおう》深くこれを見れば、まさしく日蓮大聖人の末法出現を証明するために説かれている。

ゆえに法華取要抄《ほっけしゅようしょう》に云く

「問うて云く、法華経は誰人《たれびと》の為《ため》に之《これ》を説くや。答えて云く、……末法を以て正《しょう》となす、末法の中には日蓮を以て正と為すなり」

「問うて曰く、誰人の為に広開近顕遠《こうかいごんけんのん》の寿量品を演説するや。答えて曰く、寿量品《じゅりょうほん》の一品二半《いっぽんにはん》は始めより終りに至るまで正《まさ》しく滅後の衆生の為なり。滅後の中には末法今時《こんじ》の日蓮等が為なり」と。

すなわち釈尊は、法華経の涌出品《ゆじゅっぽん》において久遠《くおん》の弟子たる上行菩薩《じょうぎょうぼさつ》を召し出《いだ》し、寿量品においてその文底《もんてい》に三大秘法を説き顕わし、神力品《じんりきほん》ではこの三大秘法を上行菩薩に付嘱《ふぞく》している。これを以て上行菩薩が末法の一切大衆を救うべき旨《むね》を予言証明したのである。

この上行菩薩とは、久遠元初の自受用身の仮《かり》の姿・垂迹《すいしゃく》である。本仏がなぜこのように釈尊の久遠の弟子という立場をとったかといえば、釈迦仏法中においては釈尊が中心であるから、その化導を損《そこな》わぬために久遠元初の自受用身は垂迹《すいしゃく》の身を上行菩薩と現わし、釈尊より付嘱《ふぞく》を受ける形式を以て、末法弘通の手継《てつぎ》証明とされたのである。

釈尊の証明はさらに懇切《こんせつ》である。この上行菩薩が末法に三大秘法を弘通する時にはこのような大難を受けると、その様相を具《つぶ》さに予言している。

「此《こ》の経は如来《にょらい》の現在にすらなお怨嫉《おんしつ》多し、況《いわ》んや滅度《めつど》の後をや」（法師品）

「諸《もろもろ》の無智《むち》の人《ひと》の悪口罵詈《あっくめりとう》等し、及び刀杖《とうじょう》を加《くわ》うる者有《あ》らん」（勧持品）

「数数《しばしば》擯出《ひんずい》せられん」（勧持品）

「一切世間《いっさいせけん》に怨《あだ》多くして信じ難《がた》し」（安楽行品）

「杖木瓦石《じょうもくがしゃく》を以て之《これ》を打擲《ちょうちゃく》す」（不軽品）

もし末法に南無妙法蓮華経を弘めてこのような大難を受ける人があれば、その人こそ上行菩薩である。

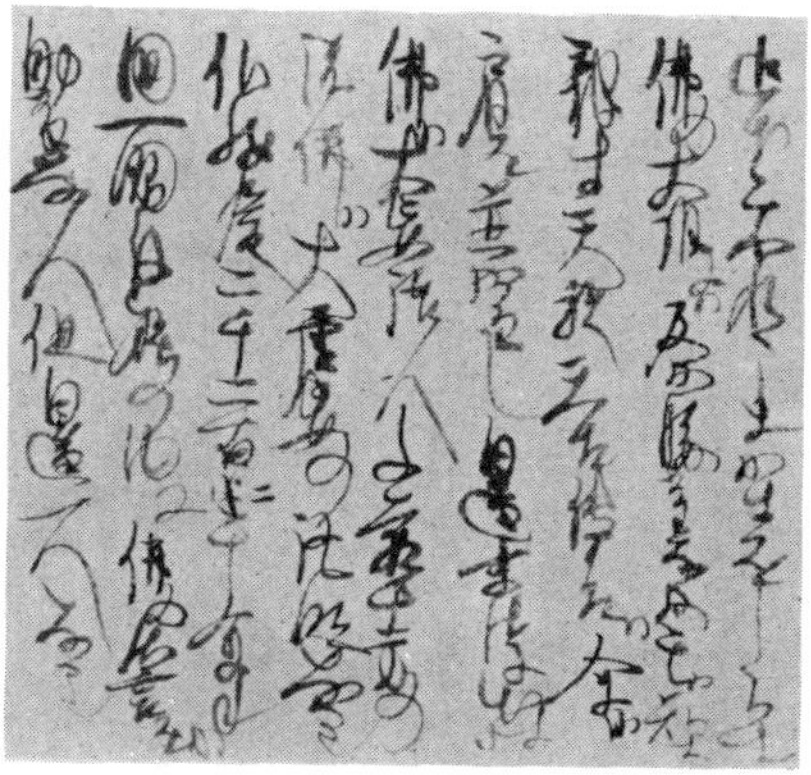

「出世本懐成就御書」（御真蹟）

釈尊滅後二千余年の間に、全世界の中で誰人がこのような大難を受けたであろうか。日蓮大聖人よりほかには、一人としてあるべくもない。ゆえに開目抄《かいもくしょう》に云く

「抑《そもそも》、たれやの人か衆俗《しゅうぞく》に悪口罵詈《あっくめり》せらるる。誰《たれ》の僧か刀杖《とうじょう》を加《くわ》へらるる。誰の僧をか法華経のゆへに公家《くげ》・武家《ぶけ》に奏《そう》する。誰の僧か数数《さくさく》見擯出《けんひんずい》と度々《どど》ながさるる。日蓮より外《ほか》に、日本国に取り出《いだ》さんとするに人なし」

また出世本懐成就御書《しゅっせのほんかいじょうじゅごしょ》に云く

「而《しか》るに日蓮二十七年が間、弘長《こうちょう》元年辛酉五月十二日には伊豆の国へ流罪、文永《ぶんねい》元年甲子十一月十一日頭《こうべ》にきずをかほり左の手を打ちをらる。同じき文永八年辛未九月十二日佐渡の国へ配流《はいる》、又頭《くび》の座に望《のぞ》む。其《そ》の外《ほか》に弟子を殺され、切られ、追ひ出され、過料《かりょう》等かずをしらず。仏の大難には及ぶか勝《すぐ》れたるか其《それ》は知らず、竜樹《りゅうじゅ》・天親《てんじん》・天台《てんだい》・伝教《でんぎょう》は余《よ》に肩を並べがたし。日蓮末法に出でずば仏は大妄語の人、多宝《たほう》・十《じゅっ》方《ぽう》の諸仏は大虚妄《だいこもう》の証明《しょうみょう》なり。仏滅後二千二百三十余年が間、一閻浮提《いちえんぶだい》の内に仏の御言《みこと》を助けたる人、但《ただ》日蓮一人《いちにん》なり」と。

まことに日蓮大聖人こそ、釈尊がその出現を予証《よしょう》した上行菩薩の再誕《さいたん》であられること、誰人も信ぜざるを得ないであろう。

大聖人こそ久遠元初の自受用身

しかし、上行菩薩の再誕とは、なお経文の説相に準《じゅん》じての表面上の御立場である。これを外用浅近《げゆうせんごん》の辺《へん》という。もし深く大聖人の御境界を拝し奉れば、久遠元初《くおんがんじょ》の自受用身《じじゅゆうじん》の再誕《さいたん》であられる。

ゆえに日寛上人は次のごとく端的《たんてき》に御指南されている。

「若《も》し外用《げゆう》の浅近《せんごん》に望《のぞ》めば、上行の再誕日蓮なり。若《も》し内証《ないしょう》の深秘《じんぴ》に望めば、本地《ほんち》自受用《じじゅゆう》の再誕日蓮なり。故《ゆえ》に知りぬ、本地は自受用身《じじゅゆうじん》、垂迹《すいしゃく》は上行菩薩、顕本《けんぽん》は日蓮なり」（文底秘沈抄）と。

心を沈めて大聖人の御振舞《おふるま》いを拝せよ。

その御修行は南無妙法蓮華経と我も唱え人にも勧《すす》め給う三大秘法の修行。またその御身は、釈尊のごとく三十二相《さんじゅうにそう》で身を荘厳《かざ》らず、名字凡夫《みょうじぼんぷ》の御当体《ごとうたい》であられる。

まさに久遠元初の自受用身と修行も位《くらい》も全同《ぜんどう》。久遠元初の御振舞いを、そのまま末法に移し給うたのが大聖人であられる。ゆえに我々は、久遠元初の自受用身を遠く彼方《かなた》に想像するには及ばない。鎌倉時代の日本に御出現された日蓮大聖人こそ、久遠元初の自受用身にてあられるのである。

ゆえに本因妙抄《ほんにんみょうしょう》に云く

「釈尊久遠名字即《くおんみょうじそく》の位《くらい》の御身《おんみ》の修行を、末法今時《こんじ》日蓮が名字即《みょうじそく》の身に移せり」

また百六箇抄《ひゃくろっかしょう》に云く

「今《いま》日蓮が修行は、久遠名字《くおんみょうじ》の振舞《ふるまい》に芥爾《けに》計《ばか》りも違《たが》わざるなり」と。

久遠元初の自受用身であれば三世十方の諸仏の本地、下種の本仏である。ゆえに百六箇抄に云く

「久遠元初の天上天下《てんじょうてんげ》・唯我独尊《ゆいがどくそん》とは、日蓮是《こ》れなり」と。

また釈尊の化導と対比《たいひ》し給うて云く

「仏は熟脱《じゅくだつ》の教主、某《それがし》は下種の法主《ほっす》なり」（本因妙抄）

さらに諫暁八幡抄《かんぎょうはちまんしょう》に云く

「天竺国《てんじくこく》をば月氏国《がっしこく》と申す、仏の出現し給うべき名なり。扶桑《ふそう》国《こく》をば日本国と申す、あに聖人《しょうにん》出《い》で給はざらむ。月は西より東に向へり、月氏《がっし》の仏法の東へ流るべき相なり。日は東より出《い》づ、日本の仏法月氏へかへるべき瑞相《ずいそう》なり。月は光あきらかならず、在世は但《ただ》八年なり。日は光明《こうみょう》月に勝《まさ》れり、五々百歳《ごごひゃくさい》の長き闇《やみ》を照《てら》すべき瑞相《ずいそう》なり。仏は法華経謗法《ほうぼう》の者を治《じ》し給はず、在世には無きゆへに。末法には一乗《いちじょう》の強敵《ごうてき》充満すべし、不軽菩薩《ふきょうぼさつ》の利益《りやく》此《こ》れなり」と。

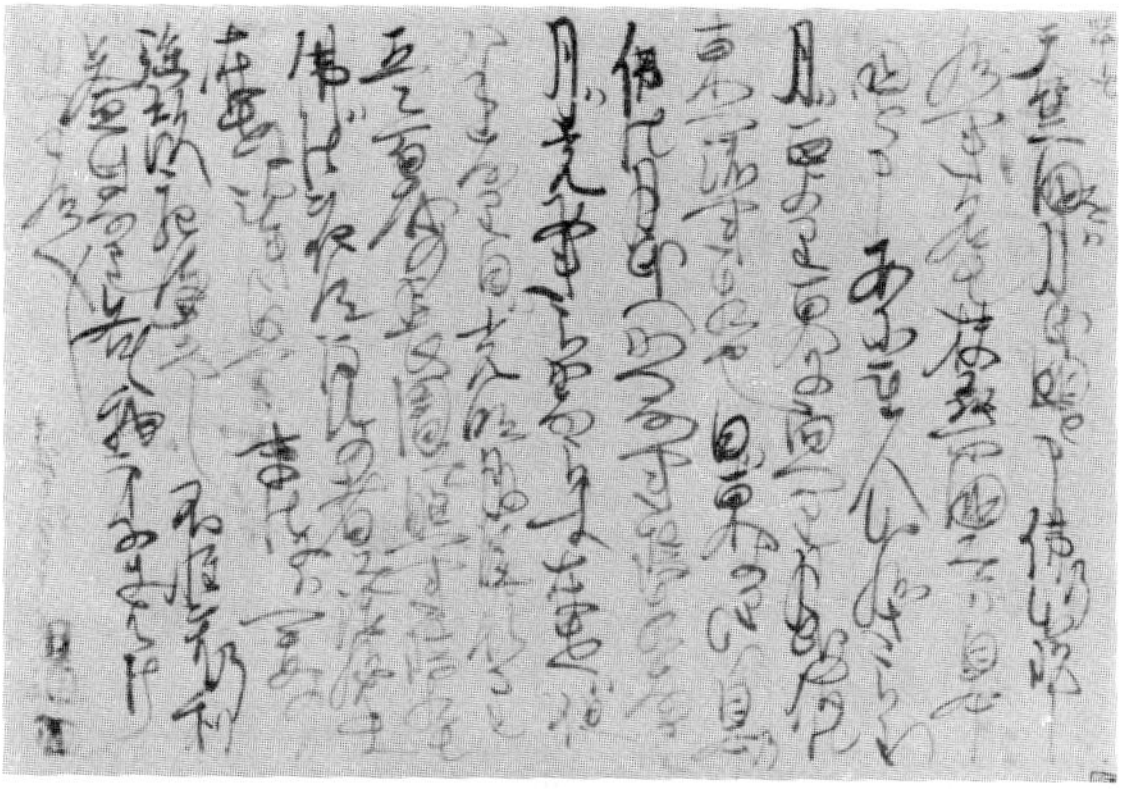
「諫暁八幡抄」（御真蹟）

まさしく日蓮大聖人こそ久遠元初《くおんがんじょ》の自受用身《じじゅゆうしん》にして、末法の全人類を三大秘法を以て現当二世《げんとうにせい》にわたってお救い下さる、下種《げしゅ》の御本仏にてましますのである。

第二章　御誕生

御誕生の瑞相

日蓮大聖人は釈尊《しゃくそん》の入滅から二千百七十一年目に当る貞応《じょうおう》元年（一二二二年）二月十六日、安房《あわ》の国《くに》長狭《ながさ》郡《ごおり》東条《とうじょう》の郷《ごう》小湊《こみなと》に御誕生あそばされた。父を三国《みくに》の太夫《たゆう》、母を梅菊女《うめぎくにょ》と申し上げる。

大聖人の御誕生には、さまざまの不思議な瑞相《ずいそう》があった。まず母君が御懐妊《ごかいにん》の時、不思議な夢をごらんになっている。産湯相承事《うぶゆそうじょうのこと》にはこのことを

「有《あ》る夜《よ》の霊夢《れいむ》に曰《いわ》く、叡山《えいざん》の頂《いただき》に腰をかけて近江《おおみ》の湖水《こすい》を以て手を洗ひ、富士の山より日輪《にちりん》の出《い》でたもうを懐《いだ》き奉《たてまつ》ると思うて打《う》ち驚《おどろ》いて後《のち》、月水《がっすい》留《とま》る」

と記されている。「富士山」は実名を「大日蓮華山《だいにちれんげざん》」といい、日本国の中にも下種《げしゅ》の大法が住《じゅう》すべき本国土《ほんこくど》である。ゆえに大聖人は広宣流布の暁《あかつき》の本門戒壇《ほんもんかいだん》建立《こんりゅう》の地を「富士山に」と御遺命《ごゆいめい》されている。

房州小湊の海

この「富士山」より昇る「日輪《にちりん》」を懐《いだ》き奉るとの霊夢《れいむ》は、まさしく下種の御本仏の託胎《たくたい》を表わすものである。

およそ仏の託胎《たくたい》には必ず瑞相《ずいそう》が見られる。釈尊の託胎の時には、母・摩耶夫人《まやぶにん》がやはり太陽を孕《はら》む夢を見ている。

「摩耶夫人《まやぶにん》は日を孕《はら》むとゆめにみて、悉達太子《しったたいし》をうませ給う。かるがゆへに仏の童名《わらわな》をば日種《にっしゅ》という」（撰時抄）と。

これに対し、中国における邪法真言《しんごん》の開祖《かいそ》・善無畏《ぜんむい》三蔵《さんぞう》は日輪《にちりん》を射《い》る夢を見て懐妊《かいにん》し、また我が国の念仏《ねんぶつ》宗《しゅう》の元祖《がんそ》・法然《ほうねん》は、母が剃刀《かみそり》を呑《の》む夢を見たといわれる。これらは仏法破壊の魔僧《まそう》出現の凶瑞《きょうずい》というべきであろう。

さて、大聖人が御出生される時、母君は再び霊夢をごらんになっている。同じく「産湯相承事《うぶゆそうじょうのこと》」に

「又《また》産生《う》まるべき夜の夢に、富士山の頂《いただき》に登って十《じゅっ》

方《ぼう》を見るに、明《あきらか》なること掌《たなごころ》の内《うち》を見るが如く、三世明白《さんぜめいはく》なり。梵天《ぼんてん》・帝釈《たいしゃく》・四大天王等《しだいてんのうとう》の諸天悉《しょてんことごと》く来下《らいげ》して、本地《ほんち》・自受用報身如来《じじゅゆうほうしんにょらい》、垂迹《すいしゃく》・上行菩薩《じょうぎょうぼさつ》の御身《おんみ》を、凡夫地《ぼんぶち》に謙下《けんげ》し給う、御誕生は唯今《ただいま》なり」と。

そして海辺《うみべ》の砂浜からは渾々《こんこん》と清水《しみず》が涌《わ》き出《い》で、海上には御誕生の数日前から青蓮華《しょうれんげ》が生じ、華《はな》を咲かせたという。

さらに御出生のあと、母君しばしまどろみ給う時の夢に云く

「梵《ぼん》・帝《たい》等の諸天一同音《いちどうおん》に唱《とな》えて云く、善哉《ぜんざい》・善哉《ぜんざい》・善日童子《ぜんにちどうじ》、末法の教主・勝釈迦仏《しょうしゃかぶつ》と三度《みたび》唱《とな》えて作礼而去《さらいにこ》し給う」と。

以上の霊夢は単なる伝説ではない。大聖人の御誕生を記したこの「産湯相承事」は、大聖人の口伝《くでん》をそのまま第二祖日興上人が筆録《ひつろく》された確かな記録である。ゆえに同抄には

「日蓮が弟子檀那等、悲母《ひも》の物語と思うべからず、即ち金言《きんげん》なり。其の故は予が修行は兼《か》ねて母の霊夢にありけり」

とことわられている。その後の大聖人一代の御化導が、母君のこの夢にあらわれていたとは、何とも不思議なことである。

この霊夢によって、大聖人の幼名《ようみょう》は「善日麿《ぜんにちまろ》」と名づけられた。

第三章　出家と大願

清澄寺に登る

天福《てんぷく》元年十二歳の時、善日麿は学問を志《こころざ》して近くの清澄寺《きよずみでら》に登り、住職・道善房《どうぜんぼう》のもとで修学の第一歩を踏み出された。

この時、そばで仏書《ぶっしょ》をはじめ学問の手ほどきを申し上げたのが、兄弟子の浄顕房《じょうけんぼう》と義浄房《ぎじょうぼう》であった。

この二人は後に大聖人の御徳を慕《した》い、かえって弟子となっている。報恩抄には

「各々《おのおの》二人は日蓮が幼少の師匠にておはします。勤操僧正《ごんそうそうじょう》・行表僧正《ぎょうひょうそうじょう》の伝教大師《でんぎょうだいし》の御師《おんし》たりしが、かへりて御弟子《みでし》とならせ給いしがごとし」と。

師匠の道善房は善人ではあったが、極めて臆病な人で、のちに大聖人の御義を内心には正しいと思いながらも、念仏に執着する地頭《じとう》を恐れて、最後まで入信には至らなかった。本尊問答抄には

「故《こ》道《どう》善《ぜん》御《ご》房《ぼう》は師匠にておはしましかども、法華経の故に地頭におそれ給いて、心中には不《ふ》便《びん》とおぼしつらめども、外にはかたきのやうににくみ給いぬ。のちにはすこし信じ給ひたるやうにきこへしかども、臨終にはいかにやおはしけむ、おぼつかなし」
と仰せられている。

眼前の大疑

清澄寺における善日麿の学問は驚くべき早さで進んだ。この頃、善日麿の胸中には、抜きがたい仏法上の大疑問が胚《はい》胎《たい》していた。

その一つは、御誕生の前年に起きた承《じょう》久《きゅう》の乱《らん》において、鎌倉幕府を討《う》たんとした天皇方《がた》が、天《てん》台《だい》・真《しん》言《ごん》の秘法を尽くして戦勝を祈《き》禱《とう》したにもかかわらず、わずか三十日余りで惨《ざん》敗《ぱい》し、三《さん》上《じょう》皇《こう》が島流しとなったことである。天台・真言の二宗は当時仏教界の権威として一国の尊《そん》崇《そう》を集めていた。もしこの二宗が正しければ、かかる現証はあるべきはずがない。これが眼《がん》前《ぜん》の大《たい》疑《ぎ》であった。

もう一つの疑問は、安《あ》房《わ》の近隣で見《み》聞《きき》する念仏宗の先《せん》達《だつ》たちの、臨終におけるあまりの狂《きょう》乱《らん》そして悪《あく》相《そう》であった。「当《とう》世《せいの》念《ねん》仏《ぶっ》者《しゃ》無《む》間《げん》地《じ》獄《ごくの》事《こと》」には

「仏法繁《はん》昌《じょう》の国と見えたる処《ところ》に、一《ひとつ》の大なる疑いを発《はっ》する事は、念仏宗の亀《き》鏡《きょう》と仰ぐべき智《ち》者《しゃ》達《たち》、念

仏宗の大檀那《おおだんな》たる大名《だいみょう》・小名《しょうみょう》並びに有徳《うとく》の者、多分《たぶん》は臨終《りんじゅう》思う如《ごと》くならざるの由《よし》、之《これ》を聞き、之《これ》を見る」と。およそ臨終の相は、成仏・不成仏を知る決《き》め手である。ゆえに経論には「臨終の時、色黒き者は地獄に堕《お》つ」等のくわしい定めがある。しかるに念仏宗は口に「極楽往生《ごくらくおうじょう》」を唱えながら、この現実はいかなることか。善日麿の大疑は晴れなかった。

思うに、承久《じょうきゅう》の乱《らん》についての疑いは、国家の盛衰《せいすい》と仏法の邪正《じゃしょう》の関係。そして臨終の問題は個人の成仏・不成仏と仏法の邪正に関《かか》わることである。善日麿の疑問は、国家と個人にとって最も根本かつ大事の問題であった。

これを解《と》く鍵は、いつにかかって仏法の邪正の立て分けにある。しかるに諸宗は、いずれも我が宗こそ勝《すぐ》れたりと自讃《じさん》している。国に国主は一人であるべきように、一切経の中で最も勝れた経はただ一つでなければならない。このことを報恩抄には

「世間をみるに、各々《おのおの》我も我もといへども国主は但《ただ》一人なり、二人となれば国土おだやかならず。家に二の主あれば其の家必ずやぶる。一切経も又かくのごとくや有るらん。何れの経にてもをはせ、一経こそ一切経の大王にてはをはすらめ」と。

一切経中の大王たる一経とは何か、国家《こっか》安泰《あんたい》・一切衆生成仏の一法とは何か、これを知ることこそ善日麿の胸中深く懐《いだ》かれた大願《だいがん》であった。

破良観等御書《はりょうかんとうごしょ》に

「予《よ》はかつしろしめされて候がごとく、幼少の時より学文《がくもん》に心をかけし上、大虚空蔵菩薩《だいこくうぞうぼさつ》の御宝前《ごほうぜん》に願《がん》を立て、日本第一の智者となし給へ、十二のとしより此《こ》の願《がん》を立つ。其の所願《しょがん》に子細《しさい》あり、今くはしくのせがたし」と仰せられるはこれである。

善日麿の真剣な研鑽《けんさん》・思索《しさく》は日夜続けられた。四年はまたたく間に打ち過ぎ十六歳を迎えた。この年、善日麿は剃髪《ていはつ》し、名も「是生房蓮長《ぜしょうぼうれんちょう》」と改めた。

当時のことを回想せられた妙法比丘尼御返事《みょうほうびくにごへんじ》には

「日蓮は日本国安房《あわ》の国と申す国に生れて候いしが、民《たみ》の家より出《い》でて頭《こうべ》をそり袈裟《けさ》をきたり。此《こ》の度《たび》いかにもして仏種《ぶっしゅ》をも植《う》へ生死《しょうじ》を離《はな》るる身とならんと思いて候いし程に、……此等の宗々《しゅうじゅう》・枝葉《しよう》をば、こまかに習はずとも所詮肝要《しょせんかんよう》を知る身とならばやと思いし故に」と仰せられている。

道善房は蓮長法師《れんちょうほっし》のこの非凡の才を見て、行く末は清澄寺の後継者にでもと楽しみにしていたことであろうが、道善房には蓮長法師の懐かれる大願は窺《うかが》うべくもなかった。

諸国遊学

清澄寺は田舎寺《いなかでら》である。資料とても充分ではない。一切経ならびに八宗の章疏《しょうじょ》を閲覧《えつらん》するには、どうしても日本全国の諸寺諸山を巡《めぐ》らねばならない。

十八歳、蓮長法師は父母・師匠の恩愛のきずなを断《た》ち切り、いよいよ諸国遊学の途《と》につかれた。その御心境は報恩抄に

「仏教をならはん者、父《ふ》母《も》・師《し》匠《しょう》・国《こく》恩《おん》をわするべしや。此の大恩を報ぜんには、必ず仏法をならひきわめ智者とならで叶うべきか。……仏法を習い極めんとをもはば、いとまあらずば叶うべからず。いとまあらんとをもはば、父母・師匠・国主等に随《したが》いては叶うべからず。是《ぜ》非《ひ》につけて、出《しゅっ》離《り》の道をわきまへざらんほどは、父母・師匠等の心に随うべからず」と。

仏法を習い極めて父母・師匠の恩を報ぜんがために、あえて父母・師匠に随わずして諸国遊学に立たれたのであった。かくて鎌倉・京・比《ひ》叡《えい》山《ざん》・園《おん》城《じょう》寺《じ》・高《こう》野《や》・天《てん》王《のう》寺《じ》等を次々と巡《めぐ》り、一切経を閲《えっ》読《どく》し、また諸宗の義を自ら確認された。

ここで大聖人のお覚《さと》りと修学の関係について一言したい。

〝蛇《じゃ》は寸《すん》にして牛《ぎゅう》を呑《の》む〟という。善日麿たとえ御年少とはいえ、生れながらの妙《みょう》智《ち》はすでに薄《うす》雲《ぐも》を通して月を見るごとくであられたろう。清澄山で螢《けい》雪《せつ》の功を積む間にも、恐らく一切経の勝劣・浅深について、その帰《き》趨《すう》は自《おのず》と感じておられたに違いない。ただし、その自《じ》得《とく》の裏付けのためにも、また諸宗の謬《みょう》誤《ご》の証拠を得るためにも、一切経ならびに八宗の章《しょう》疏《じょ》をぜひ習学せんと遊学せられたと拝すべきで

ある。

　かくて大聖人の御修学は十二歳より三十二歳まで、実に二十年に及ばれた。この血のにじむ御研鑽により、久遠以来の妙智は光を放ち、ここに一切経の勝劣ならびに諸宗の謬誤《みょうご》は、雲の晴れるごとく明々白々となった。

　これを以って見るに、承久の乱において天皇方が敗れたことも、重大なる原因があった。神国王御書《しんこくおうごしょ》に

「日蓮此の事を疑いしゆへに、幼少の比《ころ》より随分に顕密《けんみつ》二道並びに諸宗の一切の経を、或は人に習い、或は我《われ》と開見《かいけん》し勘《かんが》へ見て候へば、故の候いけるぞ、我が面《おもて》を見る事は明鏡《めいきょう》によるべし、国土の盛衰《せいすい》を計《はか》ることは仏鏡《ぶっきょう》には過《す》ぐべからず。……王法《おうぼう》の曲るは小波《しょうは》小風《しょうふう》のごとし、大国と大人《たいにん》をば失いがたし。仏法の失《とが》あるは大風《たいふう》大波《たいは》の小船《しょうせん》をやぶるがごとし、国のやぶるる事疑いなし」と。

真言宗《しんごんしゅう》ならびに天台密教《てんだいみっきょう》は、最第一《さいだいいち》の法華経に背く謗法《ほうぼう》の宗である。ゆえにこの邪法を以って祈ることは、法華経を敵《かたき》とすることになる。天皇方はこの仏法の失《とが》により身を亡ぼしたのであった。

また臨終のことも因果明白である。妙法尼御前御返事《みょうほうあまごぜごへんじ》に

「日蓮幼少《ようしょう》の時より仏法を学《がく》し候しが、念願《ねんがん》すらく、人の寿命《いのち》は無常《むじょう》なり、出《いず》る気《いき》は入《い》る気《いき》を待つ事なし、風の前の露《つゆ》尚《なお》譬《たと》へにあらず。……されば先《ま》ず臨終《りんじゅう》の事を習うて後《のち》に他事《たじ》を習うべしと思いて、一《いち》

代《だい》聖教《しょうぎょう》の論師《ろんし》・人師《にんし》の書釈《しょしゃく》あらあらかんがへあつめて、此を明鏡《めいきょう》として、一切の諸人《しょにん》の死する時と並《ならび》に臨終の後《のち》とに引き向《むか》へてみ候へば、すこしもくもりなし」と。

まことに国家の盛衰も、人の成仏・不成仏も、仏法の邪正に依るのであった。

およそ、釈尊一代五十年の説法のうち、最後八年に説かれた法華経こそ唯一の成仏の法である。釈尊はこの法華経を出世《しゅっせ》の本懐《ほんがい》とし、この経を信ぜしめんがために、それ以前の四十余年において種々の方《ほう》便《べん》の経を説いたのである。

ゆえにもし、四十余年の経々に執着して、本懐たる法華経に背けば謗法《ほうぼう》の罪を犯すことになる。念仏《ねんぶつ》・真言《しんごん》・禅《ぜん》・律《りつ》、そして天台密教《てんだいみっきょう》等の十宗八宗は、ことごとく謗法の邪法であった。

しかし釈尊の本懐たる法華経も、在世および正・像二千年間の衆生には成仏得脱《じょうぶつとくだつ》の法であっても、末法の本未有善《ほんみうぜん》の荒凡夫《あらぼんぶ》を救う法ではない。末法は下種《げしゅ》の時である。下種の大法たる三大秘法は、ただ法《ほ》華《け》経《きょう》本門寿量品《ほんもんじゅりょうほん》の文《もん》の底《そこ》に秘沈《ひちん》されている。

ゆえに開目抄に云く

「一念三千《いちねんさんぜん》の法門《ほうもん》は、但《ただ》法華経の本門寿量品の文の底に秘して沈めたまへり」と。

また観心本尊抄《かんじんのほんぞんしょう》に云く

「但《ただ》し彼《かれ》は脱《だつ》、此《こ》れは種《しゅ》なり。彼は一品二半《いっぽんにはん》、此《こ》れは但《ただ》題目の五字なり」

さらに上野殿御返事に云く

「今末法に入りぬれば、余経《よきょう》も法華経も詮《せん》なし、但《ただ》南無妙法蓮華経なるべし」と。

この文底《もんてい》秘沈《ひちん》の一念三千の南無妙法蓮華経こそ、仏法の根源、最大深秘《さいだいじんぴ》の正法《しょうぼう》、すなわち久遠元初《くおんがんじょ》の自受用身《じじゅゆうじん》が証得《しょうとく》された生命の極理《ごくり》である。

「日本第一の智者となし給へ」と願《がん》を立てられた蓮長法師《れんちょうほっし》の御胸中《ごきょうちゅう》には、すでに末法の一切衆生の成仏の大法たる「南無妙法蓮華経」が、確然《かくねん》と懐《いだ》かれ給うていた。

今に伝わる「明星ヶ池」――第五十九世日亨上人は「明星ヶ池は房州清澄寺本坊の前庭の左の谷隘にあるが、今は屋蓋で掩はれてをる」と説明されている

いよいよこの三大秘法を弘通すべき時は来た。蓮長法師は久しぶりに父母と師匠の待つ安房《あわ》の国・清澄寺《きよずみでら》にお帰りになった。時に建長《けんちょう》五年、御年三十二歳の春であった。

清澄寺《きよずみでら》の前庭《まえにわ》の左の谷間《たにあい》には、明星ヶ池《みょうじょうがいけ》と呼ばれる池がある。末法の一切衆生のための本尊を祈請《きしょう》し給うていた蓮長法師《れんちょうほっし》は、四月二十八日の未明《みめい》、この池の辺《ほとり》に立たれた。そして、池の水《みな》面《も》に映《うつ》る影《かげ》を見給《みたも》うに、「不思議《ふしぎ》なり、日蓮が影《かげ》今の大曼荼羅《だいまんだら》なり」（御本尊七箇之相承）と。池に映《うつ》ったその影は、そのまま「南無妙法蓮華経　日蓮　在御判《ざいごはん》」の御本尊の御形《おすがた》であった。

第四章　立宗宣言

本門の題目

建長《けんちょう》五年四月二十八日の払暁《ふつぎょう》、大聖人は清澄山《きよずみやま》の嵩《かさ》が森《もり》の頂にお立ちになられた。この頂《いただき》からは遠く太平洋が一望《いちぼう》に見える。静寂《せいじゃく》のなか水平線上に大日輪《だいにちりん》がゆらゆらと昇《のぼ》る。この旭日《あさひ》に向い、大聖人は

「南無妙法蓮華経・南無妙法蓮華経・南無妙法蓮華経」

と、始めて唱え出《いだ》された。その荘重《そうちょう》にして朗々《ろうろう》たる音声《おんじょう》は宇宙法界に響きわたった。「題目を唱え奉る音《こえ》は十方《じゅっぽう》世界にとずかずと云う所なし」（御講聞書）と。旭日に輝く大聖人の御尊容《ごそんよう》を想像し奉れば、ただ畏敬《いけい》の念に打たれる。

久遠元初《くおんがんじょ》の本法・三大秘法は、末法の世を迎えて、ついに日本国に出現したのである。顕仏未来記《けんぶつみらいき》に云く

「仏法必ず東土《とうど》の日本より出《い》づべきなり」と。

大聖人の唱え出され給うた「南無妙法蓮華経」こそ、三大秘法の「本門《ほんもん》の題目」である。末法の一切衆生はこの「本門の題目」を唱えることにより、始めて成仏が叶うのである。

報恩抄に云く

「日本乃至《ないし》漢土《かんど》・月氏《がっし》・一閻浮提《いちえんぶだい》に、人ごとに有智《うち》・無智《むち》をきらわず、一同に他事《たじ》をすてて南無妙法蓮華経と唱うべし。此の事いまだひろまらず、一閻浮提の内に、仏滅後《ぶつめつご》二千二百二十五年が間一人も唱えず。日蓮一人、南無妙法蓮華経・南無妙法蓮華経等と、声もをしまず唱うるなり。乃至、日蓮が慈悲曠大《こうだい》ならば、南無妙法蓮華経は万年の外《ほか》・未来までもながるべし」

と。

清澄山より太平洋を望む

この仰せのごとく、時来れば、日本および中国・印度そして全世界の人々が、必ず「南無妙法蓮華経」と唱えるようになる。それだけではない、この妙法の唱えは尽未来際《じんみらいさい》にまで及ぶのである。この利益広大なる「本門の題目」は、実に建長五年四月二十八日に唱え出《いだ》されたのであった。これを立宗宣言という。

「日蓮」と御名乗り

立宗宣言を終えられた大聖人は、名を「日蓮」と改められた。この「日蓮」の御名《おんな》には重々《じゅうじゅう》の義が含まれている。

法華経には上行菩薩《じょうぎょうぼさつ》が末法に正法を弘通する徳を讃嘆《さんたん》して、次のような文がある。

「日月《にちがつ》の光明《こうみょう》の能《よ》く諸《もろもろ》の幽冥《ゆうみょう》を除《のぞ》くが如《ごと》く、斯《こ》の人《ひと》世間《せけん》に行《ぎょう》じて能《よ》く衆生《しゅじょう》の闇《やみ》を滅《めっ》せん」（神力品）と。

さらに涌出品《ゆじゅっぽん》には

大聖人の御署名と御判形

「世間の法に染《そ》まらざること、蓮華の水に在《あ》るが如し」と。

大聖人は法華経の文より拝すれば、上行菩薩の再誕《さいたん》である。上行菩薩を嘆《たん》ずるこの「日月《にちがつ》」と「蓮華」こそ大聖人の御徳を表わしている。ここを以て「日蓮」と御名乗りあそばした。ゆえに四条金吾殿女房御書には

「明《あきら》かなる事日月《にちがつ》にすぎんや、浄《きよ》き事蓮華《れんげ》にまさるべきや。法華経は日月と蓮華となり、故に妙法蓮華経と名づく。日蓮又日月と蓮華との如くなり」と仰せられている。

さらに一重《いちじゅう》立ち入って御名の深義を拝すれば、総本山第二十六世日寛上人は「『日』文字は主《しゅ》・師《し》・親《しん》の三徳《さんとく》を顕《あら》わし、唯我独尊《ゆいがどくそん》の義を顕わす」と御指南されている。

すなわち「主・師・親の三徳」について云えば、太陽が高く円明《えんみょう》なるさまは主徳《しゅとく》にたとえ、地上の一切を照らして闇《やみ》を除くは師徳《しとく》にたとえ、万物を育成する慈悲の働きは親徳《しんとく》にたとえられる。まさに大聖人こそ末法の全人類の太陽、主・師・親の三徳であられる。ゆえに諸抄に

「日蓮は日本国の一切衆生の主・師・親なり」と仰せられるのである。

また「唯我独尊《ゆいがどくそん》」について云えば、太陽は天にただ一つしかない。これと同じように末法の一切衆生をお救い下さる下種の御本仏も、ただ一人であられる。ゆえに顕仏未来記《けんぶつみらいき》に

「四天下《してんげ》の中《うち》に全く二《ふたつ》の日《ひ》無《な》し、四海《しかい》の内《うち》にあに両主《りょうしゅ》あらんや」と。

また百六箇抄《ひゃくろっかしょう》に云く

「久遠元初《くおんがんじょ》の天上天下《てんじょうてんげ》・唯我独尊《ゆいがどくそん》とは、日蓮是《こ》れなり」と。

されば「日」文字の顕わすところ、吾《わ》が日蓮大聖人は主・師・親の三徳、そして久遠元初《くおんがんじょ》の唯我独尊《ゆいがどくそん》、ゆえに文底下種《もんていげしゅ》の教主《きょうしゅ》、末法今時《こんじ》の本尊《ほんぞん》にてあられるのである。

最初の御説法

立宗宣言の日の午《うま》の刻《こく》（正午）、大聖人は初転法輪《しょてんぼうりん》すなわち最初の御説法を、清澄寺《きよずみでら》において行われた。

〝久しぶりに帰山した蓮長法師《れんちょうほっし》が説法される〟と聞き、一山の僧侶および近隣の大衆は清澄寺の持仏《じぶつ》堂《どう》に続々と集まって来た。この中には地頭《じとう》の東条景信《とうじょうかげのぶ》もいた。

持仏堂の南面に静かに座し給う大聖人を見て、一座の大衆はまずその慈悲と威厳を湛《たた》えた御尊容に思わず打たれたことであろう。ついで整然たる道理と気魄《きはく》に満ちた師子吼《ししく》に圧倒されたことであろう。

だが、御説法が進むにつれて、次第に持仏堂内はざわめいて来た。〝さぞや有難い御説法が〟と期待していた大衆の耳に、念仏と禅宗の誤りを破折し法華経こそ唯一の成仏の法であるとの大聖人の御声が、響きわたったのである。

一座は唖然《あぜん》とし、次に憤激し、いつしか殺気《さっき》さえみなぎった。ことに念仏の狂信者《きょうしんじゃ》である地頭の東条景信は烈火《れっか》のごとく怒り狂い、直ちに大聖人を殺害《さつがい》せんとした。

師の道善房はおろおろしながらその場を取りなしたが、地頭の怒りを恐れて大聖人を破門《はもん》にした。立宗の後、ただ一夜にして大聖人は清澄寺を追われる身となった。法華経の

「一切世間《いっさいせけん》に怨《あだ》多くして信じ難《がた》し」（安楽行品）

「諸《もろもろ》の無智《むち》の人《ひと》の悪口罵詈《あっくめり》等《とう》し、及び刀杖《とうじょう》を加《くわ》うる者有《あ》らん」（勧持品）

の予言は早くも現実となったのである。

これ大聖人の兼《か》ねてのご覚悟であられた。そもそも三大秘法を立てるには、まず謗法《ほうぼう》の邪法を破折せねばならない。一切の不幸の根源は謗法にある。ただしこれを指摘することは容易《ようい》なことではない。なぜなら、日本国中、人ごとに念仏をたのみ、禅を信じ、真言を崇《あが》め、律《りつ》を重んじている。もしこれを云い出せば、必ず身命《しんみょう》にも及ぶであろう、しかし云わなければ無慈悲となる。大聖人は深く思いをめぐらせた後、ついに不《ふ》退転《たいてん》・鉄石《てっせき》の御決意を以て立宗宣言をせられたのであった。

この御決意は開目抄《かいもくしょう》に明らかである。

「日本国に此《こ》れをしれる者、但《ただ》日蓮一人なり。これを一言《いちごん》も申し出すならば、父母《ふも》・兄弟《けいてい》・師匠《ししょう》・国主《こくしゅ》の王難《おうなん》必ず来《きた》るべし。いわずば慈悲なきににたりと思惟《しい》するに、法華経・涅槃経《ねはんぎょう》等に此の二辺《にへん》を合《あわ》せ見るに、いわずば今生《こんじょう》は事なくとも、後生《ごしょう》は必ず無間《むげん》地獄《じごく》に堕《おつ》べし。いうならば三障《さんしょう》四魔《しま》必ず競《きそ》い起るべしとしりぬ。二辺《にへん》の中にはいうべし、王難《おうなん》等出来《しゅったい》の時は退転《たいてん》すべくば一度に思ひ止《とど》むべしと且《しばら》くやすらいし程に、宝塔品《ほうとうぼん》の六難《ろくなん》九易《くい》これなり。……今度《こんど》強盛《ごうじょう》の菩提心《ぼだいしん》をこして退転《たいてん》せじと願《がん》じぬ」と。

浄顕・義浄の御奉公

東条景信の追及から、大聖人の御身を捨身でお守り申し上げたのが、法兄《ほうけい》の浄顕房《じょうけんぼう》・義浄房《ぎじょうぼう》の二人であった。大聖人はこの真心を深く賞《しょう》せられ、本尊問答抄に

「貴《き》辺《へん》は地頭《じとう》のいかりし時、義城房《ぎじょうぼう》とともに清澄寺《きよずみでら》を出《い》でておはせし人なれば、何《なん》となくともこれを

法華経の御奉公とおぼしめして、生死《しょうじ》をはなれさせ給うべし」と仰せられている。まことに大聖人への捨身《すてみ》の御奉公こそ、我ら凡夫が仏果を得る鍵であること、深く肝《きも》に銘ずべきである。

父母への報恩

清澄山を出られた大聖人は、いよいよ政都《せいと》・鎌倉において本格的な弘通を志されたが、その前に御両親のもとに立ち寄られた。

十四年前、父母の心に随わずして故郷を出たのは、仏法を習い極めて恩を報ずるためであった。いまその報恩の時が来たのである。

だが御両親は、東条景信の怒りを眼前にして、大聖人の御身《おんみ》を案じるあまり、大聖人に折伏弘通を思い止《とど》まるよう懇願《こんがん》した。王舎城事《おうしゃじょうのこと》には「父母手をすりて制《せい》せしかども……」とある。

大聖人は父母を救わんと、諄々《じゅんじゅん》と仏法の道理を説き三大秘法を勧《すす》めまいらせた。いつしか御両親の心には歓喜《かんぎ》が充満し、合掌《がっしょう》して大聖人の尊容《そんよう》を拝したのであった。父母の入信は、大聖人にとって最大のお喜びであられた。この時父君に「妙日《みょうにち》」、母君に「妙蓮《みょうれん》」の法号《ほうごう》が授けられた。

父母への真実の報恩はここに果された。大聖人は後顧《こうこ》の憂いなく、鎌倉へと向われた。

第五章　政都・鎌倉への弘通

鎌倉の状勢

故郷《ふるさと》を発《た》たれた大聖人は鎌倉に入られた。当時の鎌倉は日本の政治の中心地であり、諸宗の有力なる僧侶の集《つど》う所であった。逆化《ぎゃっけ》弘通《ぐずう》の開始は、この地を措《お》いては無い。

鎌倉に入られて間もなく、大聖人は名越《なごえ》の松葉《まつば》ヶ谷《がやつ》という所に、小さな草庵《そうあん》を結《むす》ばれた。この草庵は小たりとも、三大秘法弘通の根拠地《こんきょち》であり、文永八年の竜《たつ》の口《くち》法難までの十八年間、大聖人の御座所《ござしょ》となった所である。

大聖人立宗前後の鎌倉の状勢を概観《がいかん》すれば、当時政治を動かしていたのは幕府の執権《しっけん》五代目の北条時《ほうじょうとき》頼《より》（最明寺《さいみょうじ》時頼《ときより》入道《にゅうどう》）と、連署《れんしょ》（執権の補佐役《やく》）の北条重時《しげとき》であった。

そしてこれら幕府の有力者の庇護《ひご》を受け、諸宗の大寺院は鎌倉に甍《いらか》を連《つら》ね、高僧《こうそう》また稲麻《とうま》のごとくであった。

それらの主なものを挙げれば、禅宗に建長寺《けんちょうじ》の道隆《どうりゅう》と寿福寺《じゅふくじ》の朗誉《ろうよ》があり、律宗《りっしゅう》に極楽寺《ごくらくじ》の良観《りょうかん》、念仏宗に長楽寺《ちょうらくじ》の隆観《りゅうかん》と浄光明寺《じょうこうみょうじ》の行敏《ぎょうびん》、そして真言宗に阿弥陀堂《あみだどう》の加賀法印《かがほういん》等があった。この中で建長寺は執権《しっけん》・北条時頼《ときより》に、また極楽寺は連署《れんしょ》・北条重時《しげとき》によって、それぞれ建てられている。

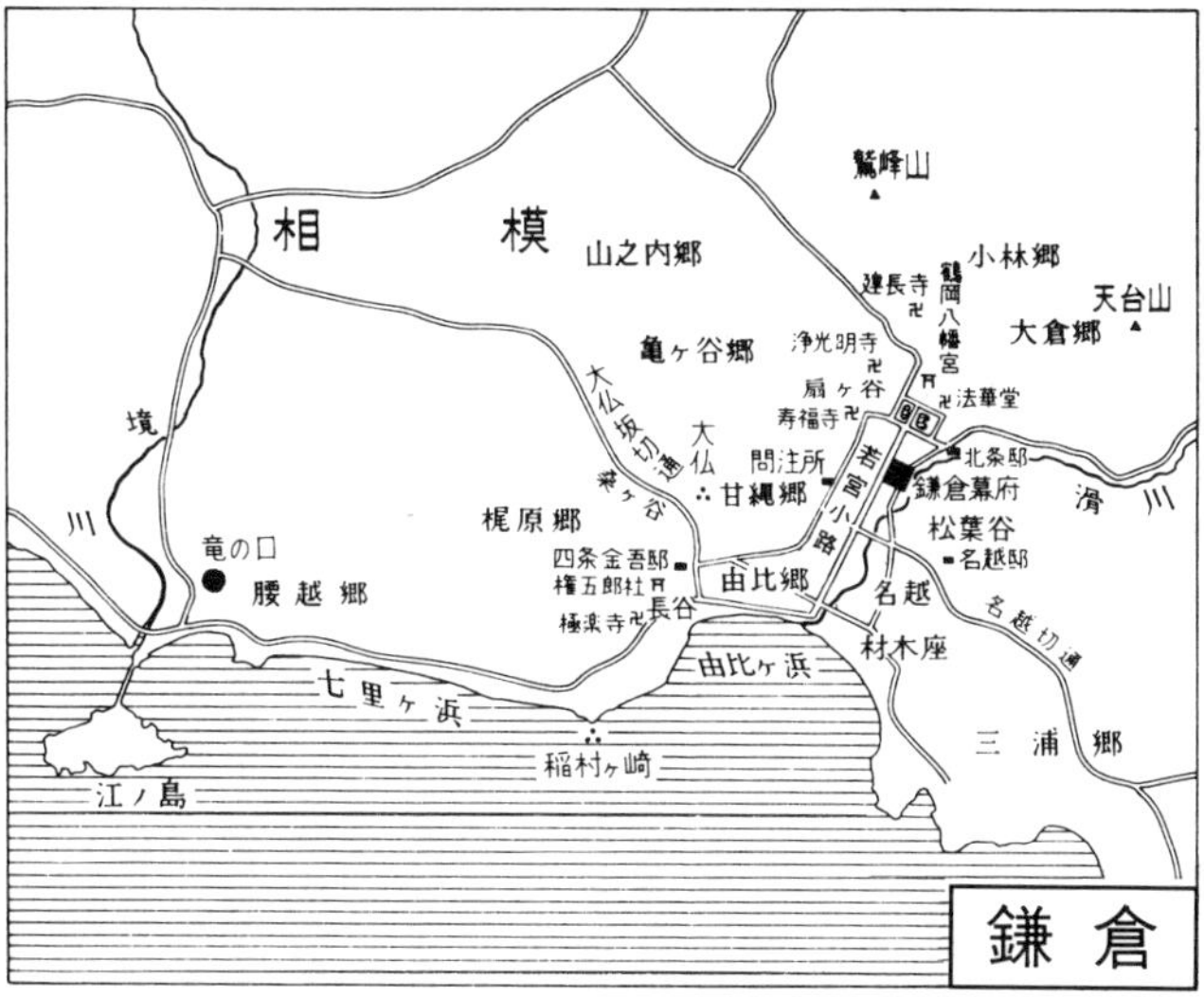

一方民衆は、為政者《いせいしゃ》が尊《たっと》ぶ道隆《どうりゅう》や良観《りょうかん》等を「生《い》き仏《ぼとけ》」のごとく崇《あが》め、家々には阿弥陀仏《あみだぶつ》を本尊とし、口々に念仏を唱え、その執心《しゅうしん》の堅きことは岩石のごとくであった。
このような邪法充満の中に、大聖人はただ御一人、不惜身命の御決意を以て三大秘法弘通に立たれたのである。その雄姿《ゆうし》、あたかも猿狐《えんこ》のむらがる中の師子王《ししおう》のごとくであられた。
さて、諸宗の〝生き仏〟たちの実態はどうであったか。彼らは煌《きらび》やかな袈裟《けさ》を身にまとい、その外面はいかにも尊《たっと》げであるが、内心は、権力者にとり入って名声と利益を貪《むさぼ》ることしか考えていなかった。末法になるとこのような悪侶《あくりょ》が国中に充満することを、釈尊は涅槃経《ねはんぎょう》に次のごとく予言している。

「持律《じりつ》に似像《じぞう》して少《すこ》く経を読誦《どくじゅ》し、飲食《おんじき》を貪嗜《とんし》して其の身を長養《ちょうよう》し、袈裟《けさ》を著《じゃく》すと雖《いえど》も猶《なお》猟師《りょうし》の細《ほそ》めに視《み》て徐《しずか》に行くが如く、猫《ねこ》の鼠《ねずみ》を伺《うかが》うが如し、常に是《こ》の言《ことば》を唱えん、我れ羅漢《らかん》を得たりと、外には賢善《けんぜん》を現し、内には貪嫉《とんしつ》を懐《いだ》く、唖法《あほう》を受けたる婆羅門《ばらもん》等の如し。実には沙門《しゃもん》に非《あら》ずして沙門《しゃもん》の像《かたち》を現《げん》じ、邪見熾盛《じゃけんしじょう》にして正法を誹謗《ひぼう》せん」と。

経文は〝生き仏〟たちの実態をみごとに映《うつ》し出している。

彼等はいかにも悟《さと》りを得たように装《よそお》っているが、内心では猟師《りょうし》が獲物《えもの》をねらうように、世間の名誉《めいよ》と財物《ざいもつ》だけをねらっている。僧侶のような姿こそしているが、実は魔《ま》が袈裟《けさ》を着《つ》けて僧形《そうぎょう》をしているに過ぎない。そしてこれらの魔僧は、必ず成仏の正法を誹謗《ひぼう》するのであると。

民衆は仏法に無智である。いかにも尊《とうと》げなるこれら魔僧の言葉を信じ、知らず知らずに謗法《ほうぼう》の大罪を犯し、地獄に堕《お》ちるのである。

謗法とは

およそこの世に謗法《ほうぼう》の罪ほど重く恐しいものはない。殺人・強盗などが悪いことは誰でも知っているし、その罪の報《むく》いもほぼ知っていよう。しかし謗法の罪報《ざいほう》は、これら世間の罪報に勝ること百千万億倍である。

謗法《ほうぼう》とは何か。定義をすれば、正法に背《そむ》き正法を謗《そし》ることである。顕謗法抄には

「謗法とは法に背くという事なり。法に背くと申すは、小乗は小乗経に背き、大乗は大乗経に背く、法に背かばあに謗法とならざらん。謗法とならば、なんぞ苦果《くか》をまねかざらん」と。

法に背けばその報いとして苦果を招くことは、世間・仏法ともに当然の理である。これを罰《ばち》という。法に浅深があるから、罰にも大小がある。仏法は生命の根本法則であるから、世間の法を犯すよりも仏法に背く罪は大きい。また仏法の中にも大小・権実《ごんじつ》・本迹《ほんじゃく》・種脱《しゅだつ》等、法に勝劣がある。釈迦仏法中においては、唯一つの成仏の法である法華経に背く罪は最も重い。ゆえに法華経には

「若し人信ぜずして此の経を毀謗《きぼう》せば乃至《ないし》其の人命終《みょうじゅう》して阿鼻獄《あびごく》に入らん。一劫《いっこう》を具足《ぐそく》して、劫尽《こうつ》きなば更生《またうま》れん、是《かく》の如く展転《てんでん》して無数劫《むしゅこう》に至らん」と説かれている。

しかし、脱益《だっちゃく》の法華経よりも下種《げしゅ》の三大秘法はさらに根源の法である。よって三大秘法に背く謗法こそが最大の重罪なのである。

さて、念仏・禅・真言・律等の諸宗は、爾前経《にぜんきょう》すなわち法華経以前の四十余年の経々にこだわって法華経を捨てるゆえに謗法である。

では釈迦仏はなぜ初めから法華経を説かずに、前四十余年に方便の経々を説いたかといえば、もしい

きなり難信難解《なんしんなんげ》の法華経を説けば、人々は疑いを生じかえって堕獄《だごく》の因となる。そこで徐々《じょじょ》に機根を調《ととの》えるため爾前《にぜん》の諸経を説いたのである。しかし法華経が説かれた後は、方便の経々は捨てなければいけない。よって釈尊は法華経の序分《じょぶん》たる無量義経《むりょうぎきょう》において

「四十余年には未だ真実を顕《あらわ》さず」と説き、

さらに法華経の方便品には

「正直に方便を捨てよ」と誡めているのである。

しかるに念仏等の諸宗は前四十余年の経々に執着して法華経を抛《なげう》ちその上誹謗《ひぼう》している。この謗法《ほうぼう》のゆえに人々は必ず阿鼻地獄《あびぢごく》に堕ちるのである。

阿鼻地獄《あびぢごく》は無間地獄《むげんぢごく》ともいう。間断《かんだん》なく大苦が続くから「無間《むげん》」というのである。死後のこの大苦に比《くら》べれば、生前のあらゆる苦など、苦とはいえない。法蓮抄《ほうれんしょう》には

「彼《か》の臨終の大苦こそ堪忍《かんにん》すべしともおぼへざりしに、無間《むげん》の苦は尚百千億倍なり。人間にして鈍刀《どんとう》をもて爪《つめ》をはなち、鋸《のこぎり》をもて頸《くび》をきられ、炭火《すみび》の上を歩《あゆ》ばせ、棘《いばら》に籠《こ》められなんどせし人の苦を、この苦にたとえばかずならず」と。

経文には、この無間地獄の大苦は具体的に説かれていない。その理由は顕謗法抄《けんほうぼうしょう》に

「若《も》し仏、此の地獄の苦を具《つぶさ》に説かせ給はば、人聴《き》いて血を吐《は》いて死すべき故に」

とある。このような大苦が一年・十年・百年の少時ではない。「一劫乃至展転無数劫《いっこうないしてんでんむしゅこう》」といわれる長

時にわたって間断なく続くのである。まことに恐るべきは死後の堕獄《だごく》と云わねばならない。

大聖人はこれを不憫《ふびん》とおぼしめされて諸宗の謗法を折伏し、「南無妙法蓮華経と唱えよ」とお勧《すす》め下されたのである。法華初心成仏抄に云く

「当世《とうせい》の人、何となくとも法華経に背《そむ》く失《とが》に依《よ》りて地獄に堕《お》ちん事疑いなき故に、とてもかくても法華経を強《し》いて説き聞かすべし。信ぜん人は仏になるべし。謗《ぼう》ぜん者は毒鼓《どっく》の縁となって仏になるべきなり」

「南無妙法蓮華経」は順逆二縁《じゅんぎゃくにえん》を成仏せしめる下種の大法である。素直に信じ唱える者は一生のうちに必ず成仏し、逆《さから》う者も心中に仏種《ぶっしゅ》が下され、いったんは大罰を受けるが未来に必ず成仏する。ゆえに折伏こそ絶対の慈悲なのである。

弟子檀那の入信

大聖人の大慈悲の折伏は政都・鎌倉にしんしんと進んだ。その御説法と御威徳にふれ、直ちに邪法を捨て不惜身命《ふしゃくしんみょう》の決意に立つ順縁《じゅんえん》の士《し》も、次々と現われた。

まず最初の弟子になったのが、後の六老僧の一人・日昭《にっしょう》である。入信は建長五年十一月といわれる。

ついで翌年には同じく後の六老僧の一人・日朗《にちろう》が入門し、また立宗のおり東条景信の迫害から大聖人を

御守り申し上げた清澄《きよずみ》の浄顕房《じょうけんぼう》と義浄房《ぎじょうぼう》も、大聖人をお慕《した》いしてこの頃弟子となっている。そのほか熱原の大法難で退転をした三位房日行《さんみぼうにちぎょう》や大進房《だいしんぼう》も、この当時の入信である。

また信徒においては、富木常忍《ときじょうにん》・四条金吾《しじょうきんご》・池上宗仲《いけがみむねなか》・工藤吉隆《くどうよしたか》等、後に門下の重鎮《じゅうちん》となった錚々《そうそう》たる武士達が、この頃続々と入信している。

悪口罵詈

大聖人の正義に耳を傾ける者が増えるに随い、邪宗の怨嫉《おんしつ》も激しさを加えていった。国中は念仏・禅で充満している。しかるに大聖人は「念仏は無間地獄の業因《ごういん》」「禅は天魔の所為《しょい》」と折伏される。大聖人の道理・文証整然たる破折に、反論の余地はなかった。自宗の非を発《あば》かれた邪僧たちは、民衆を煽動《せんどう》し、大聖人を「阿弥陀仏《あみだぶつ》の敵《かたき》」と憎ませたのであった。

無智の大衆の眼には、本当に大聖人が「阿弥陀仏の敵」と映《うつ》ったに違いない。大聖人の御名はたちまち鎌倉中に知れわたり、悪口《あっく》はやがて日本国中に広まった。

かくて国中の念仏者たちは、謀叛《むほん》・殺害《さつがい》の犯人を見るよりも、父母の敵《かたき》を見るよりも、なお憎悪の眼で大聖人を見るようになった。ここに大聖人に対し奉り、悪口罵詈《あっくめり》が渦《うず》まき、石や瓦が飛び交《か》うようになったのである。

第六章　立正安国論

天変地夭

立宗宣言より四年目の正嘉《しょうか》元年、五月・八月・十一月と、鎌倉に三たびの大地震があった。とりわけ八月二十三日の大地震は、前代未聞の激烈《げきれつ》さであった。

山は崩《くず》れ、大地は裂《さ》け、その裂《さ》け目より青白い光を発し、水を噴《ふ》き火を噴《ふ》き、鎌倉中の寺社《じしゃ》は一宇《いちう》残らず倒壊《とうかい》した。家屋の下敷きになって惨死《ざんし》する者無数、まさにこの世の生き地獄が現出した。

災難はこれだけではなかった。この大地震を機に、来る年も来る年も、大風《たいふう》・大洪水《だいこうずい》・大火災・大飢饉《ききん》・大疫病《だいやくびょう》が襲い来《きた》り、ために死者は巷《ちまた》に満ちあふれ、ついに国中の過半が死に至るという状態に至った。

天地が狂うとはこのことであろうか。為政者は大いに驚き、諸宗の高僧に命じて祈禱《きとう》をさせたが、かえって災難は増大するばかりであった。

このさまを安国論御勘由来《あんこくろんごかんゆらい》には

「正嘉《しょうか》元年太歳丁巳八月廿三日戌亥《いぬい》の時、前代に超《こ》えたる大地震。同二年戊午八月一日大風。同三年己未大飢饉《ききん》。正元元年己未大疫病《やくびょう》。同二年庚申四季《しき》に亘《わた》って大疫《だいやく》已まず。万民既に大半に超《こ》えて死を招き了《おわ》んぬ。而る間国主之《これ》に驚き、内外《ないげ》典《でん》に仰せ付けて種々の御祈禱《ごきとう》有り。爾《しか》りと雖《いえど》も一分《いちぶん》の験《しるし》も無く、還《かえ》って飢疫《ききえき》等を増長《ぞうちょう》す」と。

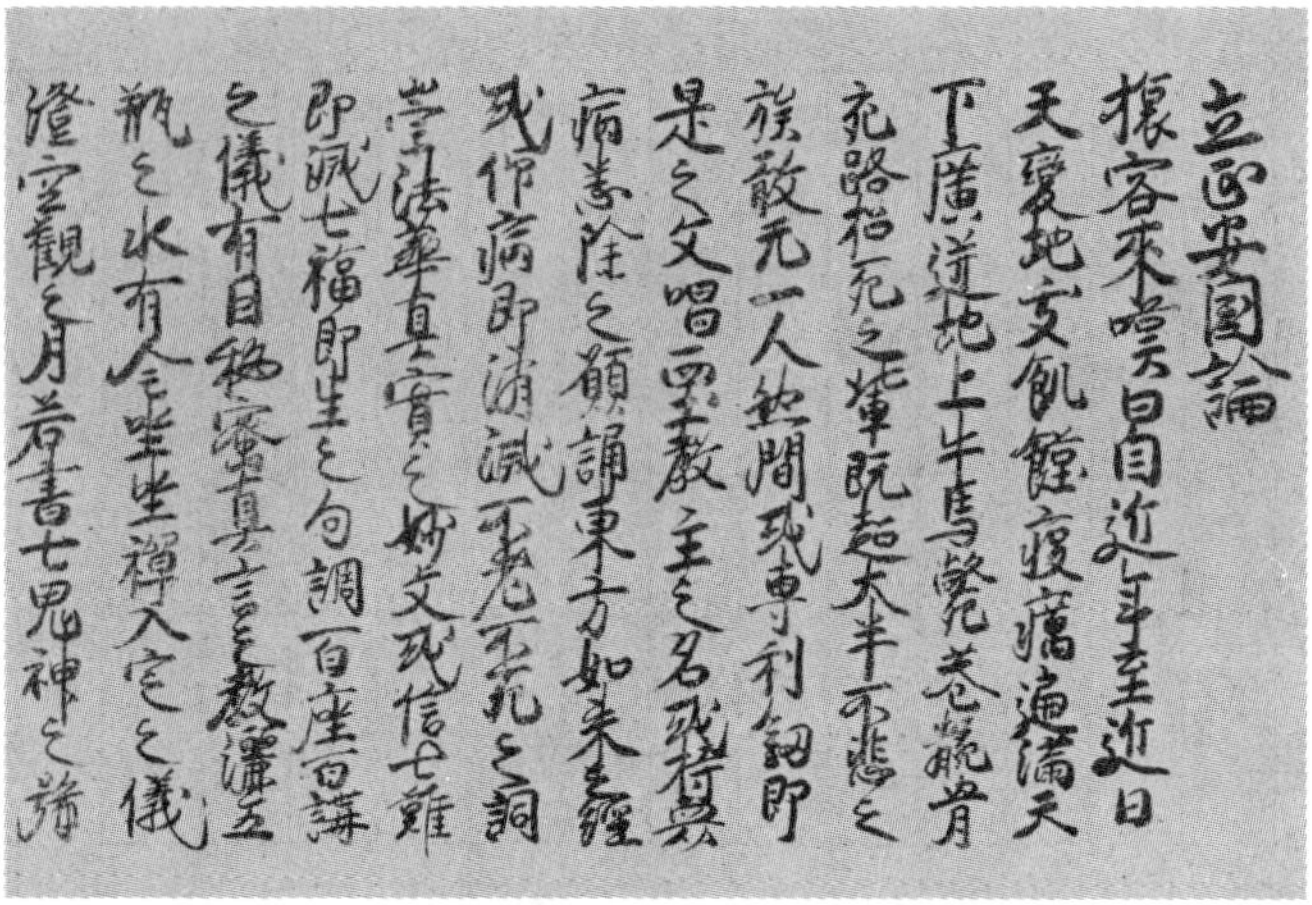
立正安国論
旅客来嘆曰自近年至近日
天変地夭飢饉疫癘遍満天
下広迸地上牛馬斃巷骸骨
充路招死之輩既超大半不悲之
族敢無一人然間或専利剣即
是之文唱西土教主之名或持衆
病悉除之願誦東方如来之経
或仰病即消滅不老不死之詞
崇法華真実之妙文或信七難
即滅七福即生之句調百座百講
之儀有因秘密真言之教灑五
瓶之水有全坐禅入定之儀
澄空観之月若書七鬼神之号

「立正安国論」の第一紙（御真蹟）

この災難は何ゆえ起きたのか、日本国中誰人もわからなかった。ただ日蓮大聖人御一人《ごいちにん》、その根源を知り給うた。すなわち、これ偏《ひと》えに一国の謗法に依ると、深く知り給うたのである。

この謗法とは何か、弥陀《みだ》・念仏に執着して釈尊・法華経に背くは謗法である。ただしこの謗法は未だその罪が浅い。真の謗法とは、いま末法に御本仏出現して三大秘法を以って一切衆生を救わんとするに、一国こぞってこれを誹《そし》り怨《あだ》む、これこそ極重《ごくじゅう》の謗法である。このゆえに一国の大災難は起きたのである。

大聖人が弘通を始められてより、わずか四年にして、国土にこのような天変地夭の感応《かんのう》が現われたということは只事《ただごと》ではない。これすなわち出現の仏法が最大深秘《さいだいじんぴ》、そして一国の瞋恚《しんに》・謗法も前代未聞《ぜんだいみもん》なるがゆえである。

国主諫暁

大聖人は正嘉元年の大地震を見て、もし謗法を対治しなければ、後に自界叛逆《じかいほんぎゃく》（一国の内乱）・他国侵逼《たこくしんぴつ》（他国の侵略）の二難が必ず来ることを、仏智《ぶっち》を以ってお知りになった。すなわち大地震はこの二難の先相《せんそう》なりと判じ給うたのである。

もし二難が現実となれば国は亡びる。そして後生《ごしょう》には日本国の一切衆生は阿鼻獄《あびごく》に堕《だ》する。この現当《げんとう》の大禍《だいか》を脱《のが》れるには諸宗の謗法を対治して正法を立てねばならない。これを為すべき義務は国主にあり、また為し得る威力も国主にある。

かくて大聖人は立正安国論一巻をしたため、文応元年七月十六日、時の国主・北条時頼《ほうじょうときより》（最明寺入道）を諫暁《かんぎょう》遊ばされた。

思うに、民衆に対する弘通すら身の危険をともなう。いわんや邪法を信ずる国家権力者に対する諫暁

北条時頼

は、身命にも及ぶこと必定《ひつじょう》である。この御諫暁こそ法のため、国のため、一切衆生のためを思われる大聖人の大慈悲であられる。

安国論御勘由来《あんこくろんごかんゆらい》には、この立正安国論の奏上について

「日蓮世間の体《てい》を見て粗《ほぼ》一切経を勘《かんが》うるに、御祈請験《ごきしょうしるし》無く還《かえ》って凶悪《きょうあく》を増長するの由《よし》、道理・文証《もんしょう》之《これ》を得了《おわ》んぬ、終《つい》に止むことなく勘文《かんもん》一通を造《つく》り作《な》し、其の名を立正安国論と号す。文応元年庚申七月十六日辰時、屋戸野《やどや》入道に付けて故最明寺入道《こさいみょうじにゅうどう》殿に奏進《そうしん》し了《おわ》んぬ」と仰せられている。

立正安国論の大意

この立正安国論は、大聖人一代の御化導を貫く大綱《たいこう》の御書とも拝すべきである。ゆえに大聖人の御願《ごがん》業《ぎょう》は、すべてこの書に含まれていると云って過言ではない。

ここでその内容を少しく拝してみよう。まず冒頭《ぼうとう》に当時の災難の惨状を挙げ

「旅客来《りょかくきた》りて嘆《なげ》いて曰《いわ》く、近年《きんねん》より近日《きんじつ》に至《いた》るまで、天変地夭《てんぺんちよう》・飢饉疫癘《ききんえきれい》遍《あまね》く天下《てんか》に満《み》ち、広《ひろ》く地上《ちじょう》に迸《はびこ》る。牛馬《ぎゅうば》巷《ちまた》に斃《たお》れ、骸骨《がいこつ》路《みち》に充《み》てり。死を招くの輩《ともがら》既《すで》に大半に超《こ》え、之《これ》を悲まざるの族《やから》敢《あ》えて一人《いちにん》も無《な》し」と。

以下、流麗荘重《りゅうれいそうちょう》玉のごときの名文を以って、一国安泰・仏国土実現の秘術が説き明かされている。その中の肝要の御文を挙げて要旨を拝せば、次のごとくである。

まず災難の起る原理について

「世皆正《よみなしょう》に背《そむ》き、人悉《ひとことごと》く悪《あく》に帰《き》す。故に善神国を捨てて相《あい》去り、聖人《しょうにん》所を辞《じ》して還《かえ》らず。是《ここ》を以て魔《ま》来《きた》り鬼来《ききた》り、災起《さいおこ》り難起《なんおこ》る」

と御指南されている。

「正」とはなにか、文面にはただ「実乗の一善」とのみ仰せられているが、その元意《がんい》（究極の意）は三大秘法である。また「悪」とは何か、文面にはただ念仏の一凶のみを挙げておられるが、元意はすべての謗法の諸宗である。

すなわち一国こぞって三大秘法に背き謗法の諸宗に帰するゆえに、諸天善神はこの国を捨て、ために国土に災難が起ると仰せられるのである。この災難興起《さいなんこうき》の原理は三世十方を見透《みとお》された仏智《ぶっち》の御断定、大聖人の深き御確信であられる。

この大宇宙は一大生命体であり、その中の存在は相互に関連し、影響しあっている。よって一つの変化は直ちに他に変化を与える。もし謗法により人の心が地獄界となれば、諸天は直ちに感応し、この諸天の働きにより国土また地獄界の相を現ずる。これが「依正不二《えしょうふに》」「身土不二《しんどふに》」の原理である。

瑞相御書《ずいそうごしょ》には

「人の悪心盛なれば、天に凶変《きょうへん》・地に凶夭《きょうよう》出来《しゅったい》す。瞋恚《しんに》の大小に随いて天変の大小あり、地夭《ちよう》も又かくのごとし。今日本国、上一人より下万民に至るまで大悪心の衆生充満せり。此の悪心の根本は日蓮によりて起れるところなり」と。

すなわち大聖人に対し奉り、一国の上下が貪欲《とんよく》・瞋恚《しんに》・愚癡《ぐち》の三毒を起こすことにより、天変地夭は起こると仰せられる。以って人心と天地の感応の微々妙々を知るべきである。

しからば、いかにすれば国土は安泰《あんたい》となるかについて安国論には

「謗法《ほうぼう》の人を禁《とど》めて正道《しょうどう》の侶《りょ》を重んぜば、国中安穏にして天下泰平《たいへい》ならん」

と示されている。この意は、良観《りょうかん》・道隆《どうりゅう》等謗法の邪師への布施《ふせ》を断ち、三大秘法を持《たも》つ唯一の正師日蓮大聖人を信敬《しんきょう》すべしということである。

そして次に、もし謗法を禁じなければ、自界叛逆《じかいほんぎゃく》・他国侵逼《たこくしんぴつ》の二難が必ず出来《しゅったい》することを断言し給うて

「先難《せんなん》是《こ》れ明かなり、後災《こうさい》何ぞ疑わん。若し残る所の難、悪法の科《とが》に依って並び起《おこ》り競《きそ》い来らば、其の時何《いか》んが為《せ》んや」と。

この二難必来の御予言は極めて重大、まさに立正安国論の肝要中の肝要である。なぜなら、大聖人が

末法出現の御本仏で有るか無きか、この一事で証せられるからである。

そのゆえは、諸天善神は法華経の会座《えざ》において、末法に御本仏出現して三大秘法を弘める時、必ず守護すべきことを釈尊に誓っている。すなわち、もし一国こぞって御本仏に怨《あだ》をなすならば、諸天はまず天変地夭を以って一国の謗法を諌め、しかるのち迫害さらに強まるならば、人の心に入って自界叛逆せしめ、ついで隣国の王をしてこの国を攻めしめる。これが経文に説かれた、末法の御本仏を守護する諸天の働きである。

ここに大聖人は正嘉の大地震を見て、もし謗法を対治しなければ二難必ず来《きた》ると断定遊ばしたのである。大聖人もし御本仏でなければ、どうしてこのような御断定ができようか。御自身の御化導を境《きょう》として、諸天必ず一国の謗法を罰せんとの御確信あればこその御予言なのである。よってこの一文は末法の御本仏を証する重大なる御文である。

そして本論の文末に至って
「汝早く信仰の寸心《すんしん》を改めて速《すみやか》に実乗の一善に帰せよ。然れば則ち三界は皆仏国なり、仏国其れ衰《おとろえ》んや。十方は悉《ことごと》く宝土《ほうど》なり、宝土何ぞ壊《やぶ》れんや。国に衰微《すいび》無く、土に破壊《はえ》無《なく》んば、身は是《こ》れ安全にして、心は是れ禅定《ぜんじょう》ならん」
と立正安国を結勧《けっかん》されている。これ仏国土実現の大旨《たいし》を示されたもので、「実乗の一善」とは三大秘法の「本門の本尊」である。究極するところ、日本国一同に「本門戒壇の大御本尊」を信じて南無妙法蓮華経と唱え奉り、国立戒壇を建立するならば日本は仏国土となり、現当二世《げんとうにせい》の大利益を得るとの御聖意である。

日寛上人は「文《もん》はただ日本及び現在に在り、意《こころ》は閻浮《えんぶ》および未来に通ずべし」と釈されている。

まさに立正安国論こそ、本門戒壇を建立して、日本および全世界を、また現在のみならず未来永遠の一切衆生を救済せんとの、日蓮大聖人一代の願業《がんぎょう》をこめられた重書である。

ゆえに大聖人の御化導は、立正安国論に始まり立正安国論に終るといわれる。すなわち立宗宣言より数えて七年目、本論によって国家諫暁は始められ、そして弘安五年御入滅に際し、国立戒壇を遺命《ゆいめい》すべく門下一同に講じ給うたのがこの立正安国論である。

しかもこの安国論の御諫暁を機として三類《さんるい》の強敵《ごうてき》は競《きそ》い起こり、そしてこの三類のゆえに龍の口において発迹顕本《ほっしゃくけんぽん》を遂げられ、また安国論に御予言の自界叛逆・他国侵逼の二難が事相《じそう》に現われたのち、本門戒壇の大御本尊は建立されたのである。まさに立正安国論が一代御化導を貫く大綱《たいこう》の御書との所以《ゆえん》はここにある。

ゆえに大聖人のこの一書を述作されるに当っての用意周到《よういしゅうとう》たるや、正嘉の大地震以来実に三ヶ年の沈《ちん》思黙考《しもっこう》を経《へ》られている。かくて一代の大願をこの一書にこめ給い、時の国主・北条時頼に充《あ》てられたのである。これ第一回の国家諫暁《こっかかんぎょう》であられる。

第七章　法難

松葉ヶ谷の法難

北条時頼は立正安国論を一読して、どのように感じたであろうか。彼は決して暗愚《あんぐ》の人ではない。いや、有名な「鉢木《はちのき》」の故事《こじ》にも示されるように、よく善政を心掛けた為政者《いせいしゃ》であり、なによりも当時打ち続く国土の災難を憂《うれ》え嘆《なげ》いていた当事者《とうじしゃ》であった。

恐らく、安国論に明示された災難《さいなん》興起《こうき》の根本原因と、それを証《しょう》する経文には胸を衝《つ》かれたことであろう。そして日蓮大聖人の、法のため・国のために権威《けんい》を恐れぬ師子王のごとき御気魄《ごきはく》には、名利《みょうり》を求めて諂《へつら》う諸宗の高僧と全く異質《いしつ》の何かを感じたに違いない。

しかし彼は建長寺を自ら建て、道隆《どうりゅう》を師として出家入道《しゅっけにゅうどう》したほどの禅門《ぜんもん》の徒である。ゆえに大聖人の〝謗法を禁断《きんだん》せよ〟との仰せには反発《はんぱつ》を感じ、さらに未だ萌《きざ》しもない他国侵逼《たこくしんぴつ》の御予言に至っては、とうてい信じられなかったであろう。

さて、時頼が立正安国論にどう反応するか。これを息をひそめて見つめていたグループがあった。それは諸宗の高僧等である。もし時頼が大聖人の仰せに耳を傾ければ、彼らにとっては死活《しかつ》問題となる。

だが、……時頼は大聖人の御諫暁《ごかんぎょう》を、ついに黙殺《もくさつ》したのであった。

この態度を見定めてから、道隆《どうりゅう》・良観《りょうかん》・念阿《ねんあ》等の〃生き仏〃たちはいっせいに蠢動《しゅんどう》を始めた。彼らは、大聖人をこのまま捨て置けば、いつの日か自宗の謬《あやま》りが露《あら》われ帰依《きえ》を失うと恐れていた。そして国主が用いぬ法師《ほっし》ならば殺しても罪にはならぬと思ったのであろう、密《ひそ》かに念仏者を煽動《せんどう》し、大聖人を殺害しようと計った。

かくて松葉《まつば》ヶ《が》谷《やつ》の法難は巻き起った。安国論の諫暁後わずか四十日あまりの文応元年八月二十七日のことであった。下山御消息《しもやまごしょうそく》にはこの法難の経緯《いきさつ》について

「大地震に付《つけ》て去る正嘉《しょうか》元年に書を一巻注《いっかんちゅう》したりしを、故最明寺《こさいみょうじ》の入道殿に奉る。御尋《おんたず》ねもなく御用《おんもち》いもなかりしかば、国主の御用いなき法師《ほっし》なればあやまちたりとも科《とが》あらじとやおもひけん、念仏者並に檀那《だんな》等、又さるべき人々も同意したるとぞ聞へし。夜中に日蓮が小庵《しょうあん》に数千人押し寄せて殺害せんとせしかども、いかんがしたりけん、其の夜の害もまぬかれぬ。然れども心を合せたる事なれば、寄《よ》せたる者も科《とが》なくて、大事の政道《せいどう》を破る」と。

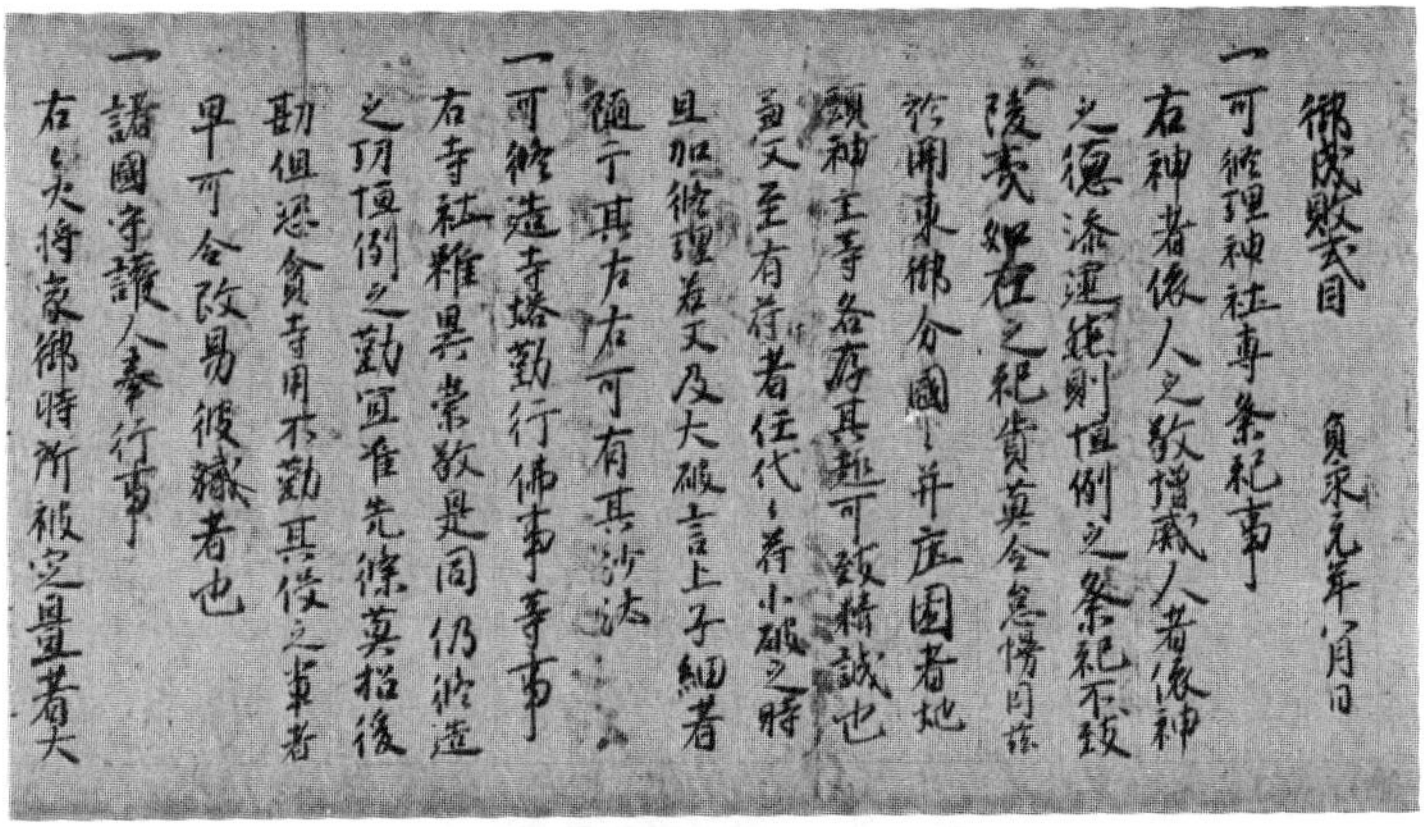
御成敗式目　貞永元年七月日
一可修理神社專祭祀事
右神者依人之敬增威人者依神之德添運然則恒例之祭祀不致陵夷如在之礼奠莫令怠慢因茲於関東御分國々并庄園者地頭神主等各存其趣可致精誠也兼又至有封社者任代々符小破之時且加修理若及大破言上子細者随于其左右可有其沙汰
一可修造寺塔勤行佛事等事
右寺社雖異崇敬是同仍修造之功恒例之勤宜准先條莫招後勘但恣貪寺用不勤其役之輩者早可令改易彼職者也
一諸國守護人奉行事
右右大将家御時所被定置者大

鎌倉幕府の基本法典「御成敗式目」

念仏坊主と狂信者の数千人は、夜陰《やいん》に乗《じょう》じて松葉ヶ谷の草庵《そうあん》を取り囲んだ。目的は問答でもなければ威嚇《いかく》でもない、ただ大聖人を殺害することにあった。

暴徒《ぼうと》は手に手に、武器をたずさえ草庵になだれこんだ。だが大聖人のお姿はそこになかった。捜索《そうさく》すること数刻《すうこく》、彼らは腹いせに草庵を破壊して引き上げた。

「いかんがしたりけん、其の夜の害もまぬかれぬ」と。諸天の守護か、大聖人は危《あや》うく虎口《ここう》を脱し給うたのである。

しかし不可解《ふかかい》にも、これほど悪質な犯罪を犯《おか》した暴徒には、何の咎《とが》めもなかった。当時の法律「御成敗式目《ごせいばいしきもく》」五十一ヶ条には「夜討《ようち》」は厳罰に処するべき旨《むね》の定めがある。しかるにこれが不問に付されたのは、良観等と幕府の実力者・北条重時《しげとき》が裏で通じていたからである。

「さるべき人々も同意したるとぞ聞へし」とは、北条重時のことを指している。

この重時は、子の長時《ながとき》を執権職《しっけんしょく》につけ、幕府内においては前執権・北条時頼（最明寺入道）に次ぐ実力者であった。彼は自ら極楽寺《ごくらくじ》を建てて人々から「極楽寺殿」と呼ばれたほどの大の念仏者であり、加えて尊崇《そんそう》していた良観からの讒言《ざんげん》もあり、幕府内では最も大聖人を強く憎んでいたのであった。

伊豆の流罪

草庵襲撃《そうあんしゅうげき》の後、鎌倉には不穏《ふおん》な空気が続いた。大聖人は富木常忍《ときじょうにん》の請《こ》いのまま下総《しもふさ》の富木邸に身を移され、その地において説法教化あそばした。この間、大聖人の御説法を聴聞し、太田乗明《おおたじょうみょう》・曾谷教信《そやきょうしん》・秋元太郎兵衛尉《あきもとたろうひょうえのじょう》等が入信している。

伊豆の伊東・川奈

そして翌年、大聖人は再び鎌倉にもどり折伏弘通を再開された。これを見た念仏者らは大いに驚き騒いだ。再び良観は重時と策謀《さくぼう》をめぐらし、今度は追放を計《はか》った。ここに弘長《こうちょう》元年五月十二日、理不尽《りふじん》なる伊豆流罪《いずるざい》がなされたのである。

下山《しもやま》御消息には

「日蓮が生《いき》たる不思議なりとて、伊豆の国へ流しぬ。されば人のあまりに憎きには、我がほろぶべき失《とが》をもかへりみざるか、御式目《ごしきもく》をも破らるるか。……余存外《よぞんがい》の法門を申さば、子細《しさい》を弁《わきま》えられずば、日本国の御帰依《ごきえ》の僧等に召《め》し合せられて、其れになを事《こと》ゆかずば、漢土《かんど》・月氏《がっし》までも尋ねらるべし。其れに叶《かな》わずば、子細《しさい》ありなんとて、且《しばら》くまたるべし」と。

幕府の処分がいかに非道《ひどう》かはこの仰せに明らかである。大聖人の立正安国論奏進《そうしん》は、偏《ひと》えに国を憂えられての御諫暁である。もしその所論に不審《ふしん》があるのなら、幕府が帰依する諸宗の高僧に対論させ、それでも決着が付かぬなら、中国・印度にまで証拠を尋ね、それでも結論が出ぬのなら、定めて深い意味があるのであろうと慎重を期すべきである。

しかるに「夜討ち」をかけた暴徒を不問に付して政道を曲げたのみならず、「日蓮が生きたる不思議なり」すなわち〝大聖人が生きているのは怪《け》しからん〟とて、今度は流罪に処したのである。理不尽もここに極まる。

この流罪は、執権・長時《ながとき》が大聖人を憎む父の心を知って、ただの一度も取り調べることなく断行したものであった。妙法比丘尼《びくに》御返事には

「長時《ながとき》武蔵《むさし》の守殿《こうどの》は極楽寺殿《ごくらくじどの》の御子《みこ》なりし故に、親の御心《みこころ》を知りて理不尽《りふじん》に伊豆の国へ流し給いぬ」

と。

重時・長時の父子は、大聖人を憎むあまり、我が身の破滅をもかえりみず、自ら法律を破って大謗法

を犯したのであった。

重時・長時の現罰

「されば極楽寺殿と長時と、彼の一門皆ほろぶるを各御覧《おのおの》あるべし」（妙法比丘尼御返事）と。

この大謗法を犯した重時一家はその後どのような罰を受けたであろうか。

まず重時は大聖人を伊豆に流し奉った翌月、にわかに発病し、狂乱状態の末、地獄の悪相を現《げん》じて死んだ。流罪後わずか百六十九日目であった。

次いで長時はその後三年にして三十五歳で夭《よう》死。三男時茂《ときしげ》・四男義政《よしまさ》も次々と夭折《ようせつ》した。

兵衛志殿御返事《ひょうえのさかんどのごへんじ》には

「極楽寺殿はいみじかりし人ぞかし、念仏者等にたぼらかされて日蓮を怨《あだ》ませ給いしかば、我が身といい、其の一門皆ほろびさせ給う」

と示されている。まことにただ事ではない。謗法の罰の恐しさ、慄《りつ》然とせざるを得ない。

「大いなる悦び」と「大いなる歎き」

さて、配流《はいる》の身となった大聖人の御心境はいかがなものであろうか。これを述べられたものに四恩抄《しおんしょう》がある。

「抑《そもそ》も此《こ》の流《る》罪《ざい》の身になりて候につけて二つの大事あり」とて、「一には大《おお》なる悦《よろこ》び」「第二に大《おお》なる歎《なげ》き」を挙げておられる。

「大なる悦び」とは、かかる流罪は二千余年前の法華経の予言に符《ふ》合《ごう》するものであり、

「法華経の故にかかる身となりて候へば、行住《ぎょうじゅう》坐《ざ》臥《が》に法華経を読み行ずるにてこそ候へ。人間に生を受けて、是《こ》れ程《ほど》の悦《よろこ》びは何事か候べき」

と仰せられ、また流罪せしめた国主は我が生死を離るべき大恩の人であり、いま法華経のゆえに難に値えば、一切衆生・父母・国主・三《さん》宝《ぼう》の四《し》恩《おん》を報ずるに当ると、大《おお》い なる悦《よろこ》びを示されている。

また「大いなる歎き」とは、大聖人を怨《あだ》む者が永く阿《あ》鼻《び》地《じ》獄《ごく》に堕《お》ち大苦にあうことを、不《ふ》憫《びん》とおぼしめされているのである。

この「大いなる悦び」と「大いなる歎き」こそ、御本仏の御心境なのであろう。

船守弥三郎夫妻の献身

流罪の地であれば、地頭を初め住民の眼は憎しみに満ちている。その中で大聖人をおかくまいし、ねんごろに給仕申し上げた宿縁の人が船《ふな》守《もり》弥《や》三《さぶ》郎《ろう》夫妻であった。

船《ふな》守《もり》弥《や》三《さぶ》郎《ろう》許《もと》御《ご》書《しょ》には

「船よりあがり苦しみ候いきところに、ねんごろにあたらせ給い候いし事は、いかなる宿《しゅく》習《じゅう》なるらん。

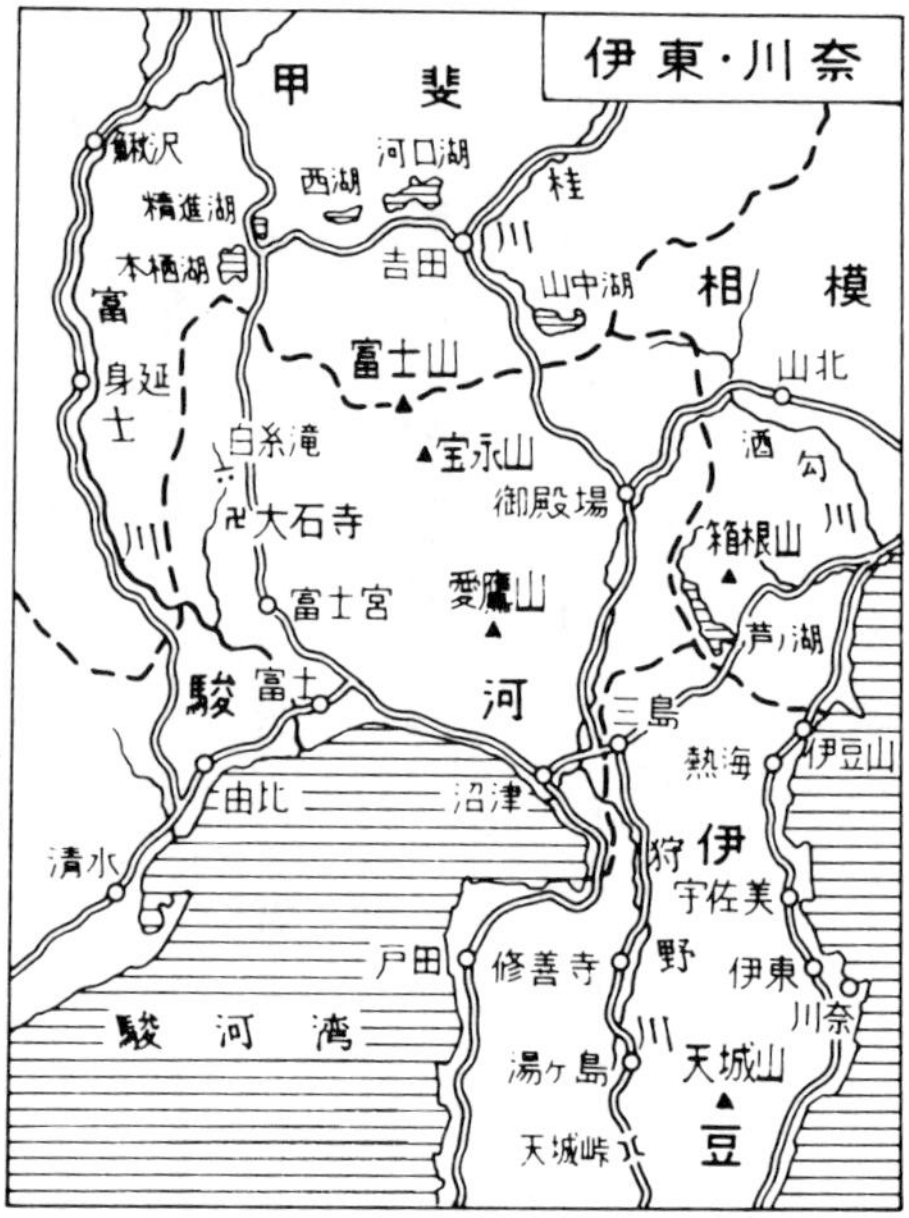

過去に法華経の行者《ぎょうじゃ》にてわたらせ給へるが、今末法にふなもりの弥《や》三郎《さぶろう》と生れかわりて日蓮をあわれみ給うか。たとひ男はさもあるべきに、女房《にょうぼう》の身として食《しょく》をあたへ、洗足《せんぞく》・てうず、其《そ》の外《ほか》さも事《こと》ねんごろなる事、日蓮はしらず、不思議とも申すばかりなし。ことに三十日あまりありて、内心《ないしん》に法華経を信じ日蓮を供養《くよう》し給う事、いかなる事のよしなるや。……ことに五月《さつき》のころなれば米もとぼしかるらんに、日蓮を内々《ないない》にて育《はぐ》み給いしことは、日蓮が父母の伊豆の伊東川奈《かわな》と云うところに生れかわり給うか」

と仰せられている。初めてお値いした、しかも流罪の身の大聖人に対する船守弥三郎夫妻の献身《けんしん》は、まことに不思議というほかはない。「諸天善神《しょてんぜんじん》等、或は男となり、或は女となり、形をかへ、さまざまに供養してたすくべし」（同抄）とはこれである。

さて、この船守抄には重大なる御教示がある。

「過去《かこ》久遠《くおん》五百《ごひゃく》塵点《じんでん》のそのかみ、唯我一人《ゆいがいちにん》の教主釈尊《きょうしゅしゃくそん》とは我等衆生の事なり。法華経の一念三千《いちねんさんぜん》の法門、常住此説法《じょうじゅうしせっぽう》のふるまいなり。かかる尊《とうと》き法華経と釈尊にてはをはせども、凡夫はしる事なし。寿量品に云く『顚倒《てんどう》の衆生をして近しと雖《いえど》も而《しか》も見えざらしむ』とはこれなり。……凡《ぼん》夫《ぶ》即仏《そくほとけ》なり、仏《ほとけ》即《そく》凡《ぼん》夫《ぶ》なり、一念三千《いちねんさんぜん》我実成仏《がじつじょうぶつ》これなり」と。

これは容易《ようい》ならざる御指南である。大聖人が久遠元初《くおんがんじょ》の自受用身《じじゅゆうじん》・名字凡身《みょうじぼんしん》の御本仏なることを密《ひそ》かに示されたものである。いま初の王難である流罪を機として、弥三郎夫婦の献身に感ぜられ、大聖人の御内証《ごないしょう》を密示《みつじ》し給うたものと拝すべきである。

赦免

流罪は一年九ヶ月で終った。北条時頼が、〝人の讒言《ざんげん》に依る冤罪《えんざい》〟と知って赦免状《しゃめんじょう》を発したのである。恐らく時頼は、極楽寺重時の狂死の現罰を見、また安国論の諫めを思い、心に怖畏《ふい》を感じたのであろう。この時頼は、幕府の有力者がことごとく大聖人を敵視する中にあって、一人だけ少しく大聖人に理解を示した人である。

「最明寺殿《さいみょうじどの》計《ばか》りこそ、子細《しさい》あるかとをもわれて、いそぎゆるされぬ」（破良観等御書）と。

しかしこの時頼も間もなく逝《い》き、幕府内には以前にも増して大聖人への悪意が充満するようになった。

同じく破良観等御書《はりょうかんとうごしょ》には

「これにつけても、法華経の方人《かたうど》つよくせば、一定事《いちじょうこと》いで来るならば、身命をすつるにてこそあらめ」と。

形勢の有利・不利は、もとより大聖人の御念頭には無い。むしろ強敵競《ごうてききそ》えば競うほど、いよいよ身命を捨てる御決意を堅《かた》め給うたのである。

母君の蘇生

文永《ぶんねい》元年の秋、大聖人は立宗宣言以来十一年ぶりに故郷《こきょう》・小湊《こみなと》への道を急がれた。

六年前、父君の訃報《ふほう》に接せられた時は、東条景信が北条重時と通じ〝東条の郷《ごう》に入れじ〟と道を塞《ふさ》いでいた。また立正安国論御述作のため実相寺で閲経《えっきょう》の最中でもあり、国家諫暁という大事の前に心ならずも帰り給わなかった。

「孝《こう》と申すは高《こう》なり、天高《てんたか》けれども孝《こう》よりも高《たか》からず。又《また》孝とは厚《こう》なり、地厚《ちあつ》けれども孝よりは厚《あつ》からず」（開目抄）と。

御孝養の心厚き大聖人にとって、一日とて忘れぬは父母《ふも》の御事《おんこと》であられた。そしていま、故郷より、母君・妙蓮の重病を伝える報《しら》せが入った。かくて十一年ぶりの御帰郷となったのである。

しかし、大聖人がお着きになった時、母君の病は重篤《じゅうとく》、まさに息を引き取らんとするところであった。仏法のためとはいえ日頃そばに居ることも叶わず、「父母への孝養・心にたらず」と歎かれる大聖人、〝今ひとたび〟との強き思いがあられたのであろう、枕辺《まくらべ》に座《ざ》して真剣なる祈念《きねん》を遊ばした。思議《しぎ》を絶するとはこの事か、母君は蘇生《そせい》された。

この事について可延定業書《かえんじょうごうしょ》には

「されば日蓮悲母《ひも》をいのりて候しかば、現身《げんしん》に病《やまい》をいやすのみならず、四箇年《しかねん》の寿命《じゅみょう》をのべたり」と。

寿量品には「更賜寿命《きょうしじゅみょう》」（更に寿命《じゅみょう》を賜《たま》う）とあるが、三大秘法の功徳により、定業《じょうごう》も能《よ》く転《てん》じ寿命も延《の》びるということを、大聖人は実証して下さったのである。

小松原の剣難

大聖人の帰郷を伝え聞いた天津《あまつ》の領主・工藤吉隆《くどうよしたか》は、早速自邸に来臨《らいりん》されることを願い出た。吉隆は伊豆流罪のおりも御供養を捧《ささ》げ、四恩抄《しおんしょう》を頂いたほどの純粋・強信の青年領主であった。

文永元年十一月十一日、大聖人は十人ほどの供《とも》を連れ工藤邸に向われた。

この御一行の動きを、虎視眈眈《こしたんたん》と狙《ねら》っていたのが東条景信であった。彼は立宗宣言の時以来大聖人を憎んでいたが、その後幕府中央の重時とも通じ、清澄寺を自ら信ずる念仏に改宗させ自分の支配下に置こうとしたり、名越《なごえ》の領家《りょうけ》から領地を奪おうと訴訟《そしょう》を起こしたが、大聖人が有縁の清澄寺ならびに「重恩の人」領家の尼御前《あまごぜ》に味方されたため、この野望をくじかれている。このようなこともあって大聖人への憎悪は火と燃えていたのであった。

当時の面影を残す小松原付近

この日景信は、数百人の軍勢を率《ひき》いて小松原で待ち伏せていた。御一行がここにさしかかったのは午後五時頃である。あたりはすでに薄暗い。

突如《とつじょ》として道の両側から雨のように矢が降りそそいだ。次いで鬨《とき》の声をあげて多数の軍勢がなだれのごとく襲ってきた。

多勢に無勢、しかも御一行は素手《すで》である。大聖人をお庇《かば》いした鏡《きょう》忍房《にんぼう》は忽ちに討《う》たれ、二人の弟子も重傷を負った。

急を聞いた天津の領主・工藤吉隆は駆《か》けつけ、一命にかけても大聖人の御身を守らんと、身を楯《たて》として激戦奮闘したが、ついに全身に傷を受け、命絶《た》えた。

この時の吉隆の心情に思いを至せば、思わず涙があふれてくる。涅槃経《ねはんぎょう》の「有徳王《うとくおう》・覚徳比丘《かくとくびく》」の故事《こじ》がほうふつとして胸に浮ぶ。まことに仏法守護の精神はかくのごとくでなければならない。

東条景信はこの乱戦の中で、ひとり大聖人を探し求めていた。やがて彼は馬を躍《おど》らせるや、太刀をふりかざし大聖人の頭上に振りおろした。凶刃《きょうじん》は笠を切り裂《さ》き、恐れ多くも大聖人の右の御額《おんひたい》に四寸もの傷を負《お》わせ奉った。さらに左の御手も打ち折られた。まさに御命も危うしと見えたが、不思議にも大聖人はこの虎口《ここう》をも脱し給うたのである。

この時のありさまを南条兵衛七郎殿御書《なんじょうひょうえしちろうどのごしょ》に

「今年《ことし》も十一月十一日、安房《あわ》の国東条の松原と申す大路《おおじ》にして、申酉《さるとり》の時、数百人の念仏等にまちかけられて候いて、日蓮は唯一人《ただいちにん》、十人ばかり、物《もの》の要《よう》にあふものはわづかに三・四人なり。射《い》る矢は降る雨のごとし、打《う》つ太刀はいなづまのごとし。弟子一人は当座にうちとられ、二人は大事のてにて候。自身も切られ、打たれ、結句《けっく》にて候し程に、いかが候けん、打ちもらされて今まで生きてはべり」と。一切衆生の主《しゅ》・師《し》・親《しん》にてまします大聖人を傷つけ奉るとは、何たる恐れを知らぬ大逆であろうか、この大謗法の報い、景信はその後まもなく重病に斃《たお》れ、大苦悶《だいくもん》の中に狂死を遂げている。

大聖人はこの法難について、法華経の「此《こ》の経は如来《にょらい》の現在すら猶怨嫉《なおおんしつ》多し、況《いわ》んや滅度《めつど》の後《のち》をや」の文、また「一切世間怨《あだ》多くして信じ難し」の文の身読《しんどく》に当るとし

「唯《ただ》日蓮一人《いちにん》こそよみはべれ、『我不愛身命但惜無上道《がふあいしんみょうたんしゃくむじょうどう》』是《こ》れなり。されば日蓮は日本第一の法華経の行者なり」（南条兵衛七郎殿御書）と仰せられている。

「日本第一の法華経の行者」との仰せは刮目《かつもく》して拝さねばならぬ。すなわち〝末法一人の下種の本仏〟との御意にほかならぬ。一難あうたびに一徳を顕わし給うとはこれである。

文永の大彗星

文永元年（一二六四年）七月五日、未だ見たこともない大彗星《だいすいせい》が出た。それは始め東方に現われ、日一日と不気味《ぶきみ》な光芒《こうぼう》を増し、ついに一天にわたった。

だいたい大聖人の御在世は、前後の時代と比べて彗星《すいせい》が多く出現しているが、この大彗星だけは別格《べっかく》である。普通の彗星は大きくても長さ一尺・二尺、あるいは一丈・二丈にしか見えないが、この大彗星は全天空を横断したのであった。

安国論御勘由来《あんこくろんごかんゆらい》には

「文永元年甲子七月五日、彗星東方に出で、余光大体《よこうだいたい》一国に及ぶ。此《かく》の如《ごと》きは又世始りてより已来《このかた》無き所の凶瑞《きょうずい》なり」と。

先には正嘉元年に前代未聞の大地震があり、今また「世始って以来」の大彗星が出現したのである。

法蓮抄《ほうれんしょう》には

「此の二《ふたつ》の天災地夭《てんさいちよう》は外典《げてん》三千余巻《よかん》にも載《の》せられず。三墳《さんぷん》・五典《ごてん》・史記《しき》等に記する処《ところ》の大長星・大地震は、或は一尺・二尺、一丈・二丈、五丈・六丈なり。未だ一天には見へず。地震も又是の如し。内典《ないでん》を以て之《これ》を勘《かんが》るに、仏御入滅已後はかかる大瑞出来《だいずいしゅったい》せず」と。

まことにこの二つの災夭は中国・日本の史書に前例なく、仏教三千年の記録にもない大彗星と大地震であった。

彗星について

ここで彗星について説明をしておきたい。

彗星は、形が箒《ほうき》のように長く尾を引いていることから、俗に「ほうき星」と呼ばれている。その特異な姿は古来から、洋の東西を問わず人々に恐れられてきた。しかし姿だけではない、大彗星の出た時には必ず種々の災厄《さいやく》が地上に起きている。この歴史的体験から、人々は彗星を「妖星《ようせい》」として恐れたのであろう。

仏典もこの星について多く述べているが、いずれも兵乱《ひょうらん》の凶兆《きょうちょう》としている。日寛上人は立正安国論愚《ぐ》記《き》の中で

「これ大火・兵乱《ひょうらん》の悪瑞《あくずい》なり」とされ、さらに左伝《さでん》を引いて「旧《きゅう》を除き、新《しん》を布《し》く所以《ゆえん》」すなわち社会の大変動・革命の兆《ちょう》と説明されている。

この星の実態は、科学の発達した今日でもまだ多くの謎につつまれている。

まず起源であるが、どこで誕生するのかよくわからない。恐らく太陽系の外の宇宙空間で生れ、大宇

宙を放浪して太陽系に飛びこんでくるものと推測されている。

軌道《きどう》運動もよくわからない。多くは太陽を焦点《しょうてん》とする楕円《だえん》を描《えが》いているが、放物《ほうぶつ》線や双曲《そうきょく》線の軌道を持つものもある。楕円軌道のものは再び帰ってくるので周期彗星と呼ばれているが、放物線・双曲線を描くものは二度と帰らない。しかしこれらも、あるいは数千年・数万年・数億年、いやそれ以上の超大周期で廻っているのかも知れない。

彗星の本体は、頭部は氷状になった固体微粒子《こたいびりゅうし》の集りで、長い尾はガスより成るといわれている。大きさはまちまちであるが、大きいものになると、尾の長さが数千万キロにも及ぶ。地球と太陽の距離が約一億五千万キロであるから、何とその約半分に達する長さである。

この彗星の地球に及ぼす影響であるが、望遠鏡で見える程度の小さなものは毎年いくつも発見され、影響も取るに足らないが、大彗星の接近ともなると、重大な影響をもたらすと、最近云われ始めてきた。たとえばハレー彗星。この星は有史以来二十九回の出現記録があるが、正確に回帰してくる彗星としては最も大きい。周期は七十六年、尾の長さは三千二百万キロで、地球と太陽との距離のほぼ五分の一に及ぶ。

このハレー彗星が前回地球に接近したのが一九一〇年であるが、それから数年後に第一次世界大戦が始まっている。その前の接近は一八三五年、この時は世界各地に異常寒冷による凶作があい次ぎ、日本においても徳川時代最大の飢饉《ききん》といわれた「天保《てんぽう》の大飢饉《だいききん》」が翌年に起きている。

1910年のハレー彗星

そして今回は一九八六年（昭和六十一年）に出現している。現在地球的規模でさまざまな異常気象が起きつつあるが、真の影響が現われるのはこれからであろう。

ではなぜ大彗星が近づくと地上の気象に影響が出るのかについて、一学者は、彗星の軌道周辺に漂《ただよ》う広大なる水素ガスの雲が、太陽のエネルギーを吸収してしまうのであろうと推論している。その裏付けとして、ハレー彗星の周期と太陽活動の周期がほぼ一致しているという。もしそうならば、大彗星は太陽活動をコントロールして、地球に異常気象をもたらしていることになる。彗星が古来より「凶兆《きょうちょう》」とされてきたのもうなずける。

以上は科学上の部分説明であるが、仏法から見れば、彗星も一生命体であり諸天の一つである。したがってその働きも仏法の大法則《だいほうそく》の域を出るものではない。

さて、文永元年の大彗星はハレー彗星では無い。記録によれば、鎌倉時代のハレー彗星は一二二二年と一三〇一年に出ている。この年はそれぞれ大聖人御誕生の年と入滅後十九年目の年に当っている。文永元年は一二六四年である。

この文永の大彗星は、ハレー彗星よりさらに巨大、文字通り前代未聞で、ただ久遠元初と末法の始めにだけ出る大彗星なのであろう。

文永の大彗星の意義

では、文永の大彗星はなぜに出現したのか、その仏法上の意義いかん。大聖人の御金言を拝してみよう。

撰時抄《せんじしょう》に

「日蓮は閻浮第一《えんぶだいいち》の法華経の行者なり。此《これ》をそしり、此をあだむ人を結構《けっこう》せん人は閻浮第一の大難にあうべし。これは日本国をふりゆるがす正嘉の大地震、一天を罰《ばっ》する文永の大彗星等なり。此等をみよ、仏滅度の後、仏法を行ずる者にあだをなすといえども、今のごとくの大難は一度もなきなり。南無妙法蓮華経と一切衆生にすすめたる人一人もなし。此の徳はたれか一天に眼《まなこ》を合せ、四海《しかい》に肩を並ぶべきや」と。

法蓮抄《ほうれんしょう》には

「予《よ》、不肖《ふしょう》の身なれども法華経を弘通する行者を、王臣人民之《おうしんにんみんこれ》を怨《あだ》む間、法華経の座《ざ》にて守護せんと誓いをなせる地神《ちじん》いかりをなして身をふるひ、天神《てんじん》身より光を出して此の国をおどす、いかに諫《いさ》むれども用いざれば、結句《けっく》は人の身に入って自界叛逆《じかいほんぎゃく》せしめ、他国《たこく》より責《せ》むべし」と。

以上の聖文を拝すれば、御本仏出現して大慈悲を以って南無妙法蓮華経と勧《すす》め給うに、国主万民かえって怨《あだ》をなせば、諸天はまず前代未聞の天変地夭《てんぺんちよう》を以ってその大謗法を諫め、もしこの諫めを用いなければ隣国より責《せ》めしむるとある。

正嘉・文永の大地震・大彗星は、まさに諸天の一国謗法を罰する姿であり、同時に後の自界叛逆《じかいほんぎゃく》・他《た》国侵逼《こくしんぴつ》の前相《ぜんそう》であった。

この意味において、正嘉の大地震の時、大聖人は立正安国論を認《したた》め給い、そして文永の大長星を見て、ますますその思いを強くし給うたのである。

ゆえに立正安国論奥書《おくがき》に

「去ぬる正嘉元年太歳丁巳八月二十三日戌亥《いぬい》の刻《こく》の大地震を見て之を勘《かんが》う。……其の後文永元年太歳甲子七月五日大明星《だいみょうじょう》の時、弥々《いよいよ》此の災《わざわい》の根源を知る」と。

また法蓮抄《ほうれんしょう》には

「立正安国論を造《つく》りて最明寺入道殿に奉る。彼状《かのじょう》に云く取詮、此の大瑞《だいずい》は他国より此国をほろぼすべき先兆《せんちょう》なり。……其の後文永の大彗星の時は又手ににぎりて之《これ》を知る」

と仰せられるのである。

しかし、この大地震・大彗星はもう一つの重大な意味を持っている。瑞《ずい》は善悪に通ずる。そもそも一国の大謗法は大聖人を境《きょう》として発《はっ》したものであれば、大謗法があるのはこの国に御本仏ましまして南無妙法蓮華経を流布されている証《しょう》である。ならば謗法を罰する大地震・大彗星は、深く見れば久遠元初《くおんがんじょ》の御本仏出現の大瑞相なのである。

釈尊が法華経を説かんとするや、序品において地動《ちどう》・放光《ほうこう》等の六種の瑞相《ずいそう》があり、涌出品《ゆじゅっぽん》では大地震《だいちしん》裂《れつ》、また神力品《じんりきほん》では放光《ほうこう》等の大瑞があった。これらは遠く末法の三大秘法広宣流布の先瑞《せんずい》である。しかるにいま末法に御本仏出現して三大秘法を弘め給うに、大瑞相のないことがあろうか。

ゆえに顕仏未来記《けんぶつみらいき》に云く

「仏法必ず東土《とうど》の日本より出づべきなり。其の前相《ぜんそう》必ず正像《しょうぞう》に超過《ちょうか》せる天変地夭《てんぺんちよう》之《こ》れ有るか。……而《しかる》に去《い》ぬる正嘉年中より今年に至るまで、或は大地震、或は大天変、宛《あたか》も仏陀《ぶっだ》の生滅《しょうめつ》の時の如し。当《まさ》に知るべし、仏の如き聖人生《うま》れたまわんか、滅《めつ》したまわんか。太虚《おおぞら》に亘《わた》って大彗星出づ、誰《たれ》かの王臣を以て之に対せん。大地を傾動《けいどう》して三たび振裂《しんれつ》す、何《いず》れの聖賢《しょうけん》を以て之《これ》を課《おお》せん。当《まさ》に知るべし、通途《つうず》の世間の吉凶《きっきょう》の大瑞《だいずい》には非《あらざ》るべし。惟《こ》れ偏《ひとえ》に此の大法興廃《こうはい》の大瑞《だいずい》なり」と。

第八章　第二の国家諫暁

蒙古の国書到来

文永五年閏《うるう》正月、蒙古国《もうここく》の国書《こくしょ》が鎌倉に到着した。その内容は次のごとくであった。

「大蒙古国皇帝《こうてい》、書を日本国王に奉《ほう》ず。朕惟《ちんおも》うに、古《いにしえ》より小国の君《きみ》は、境土相接《きょうどあいせつ》すれば尚《なお》信を講《こう》じ睦《むつみ》を修するに務《つと》む。……冀《こいねがわ》くば、今より以往《いおう》、通問《つうもん》して好《よしみ》を結び、以て相親睦《あいしんぼく》せん。且《か》つ聖人《せいじん》は四海《しかい》を以て家となす。好《よしみ》を相通《あいつう》ぜざるは豈一家《あにいっけ》の理《ことわり》ならんや。兵《へい》を用《もち》うるに至る。それ孰《いずく》んぞ好《この》むところならん。王、其れ之《これ》を図《はか》れ。　　　　不宣《ふせん》

至元《しげん》三年八月　日」

この国書の意は要するに〝蒙古の属国《ぞくこく》となり貢物《みつぎもの》を入れよ。さもなくば武力を用いて襲うであろう〟という脅迫《きょうはく》である。

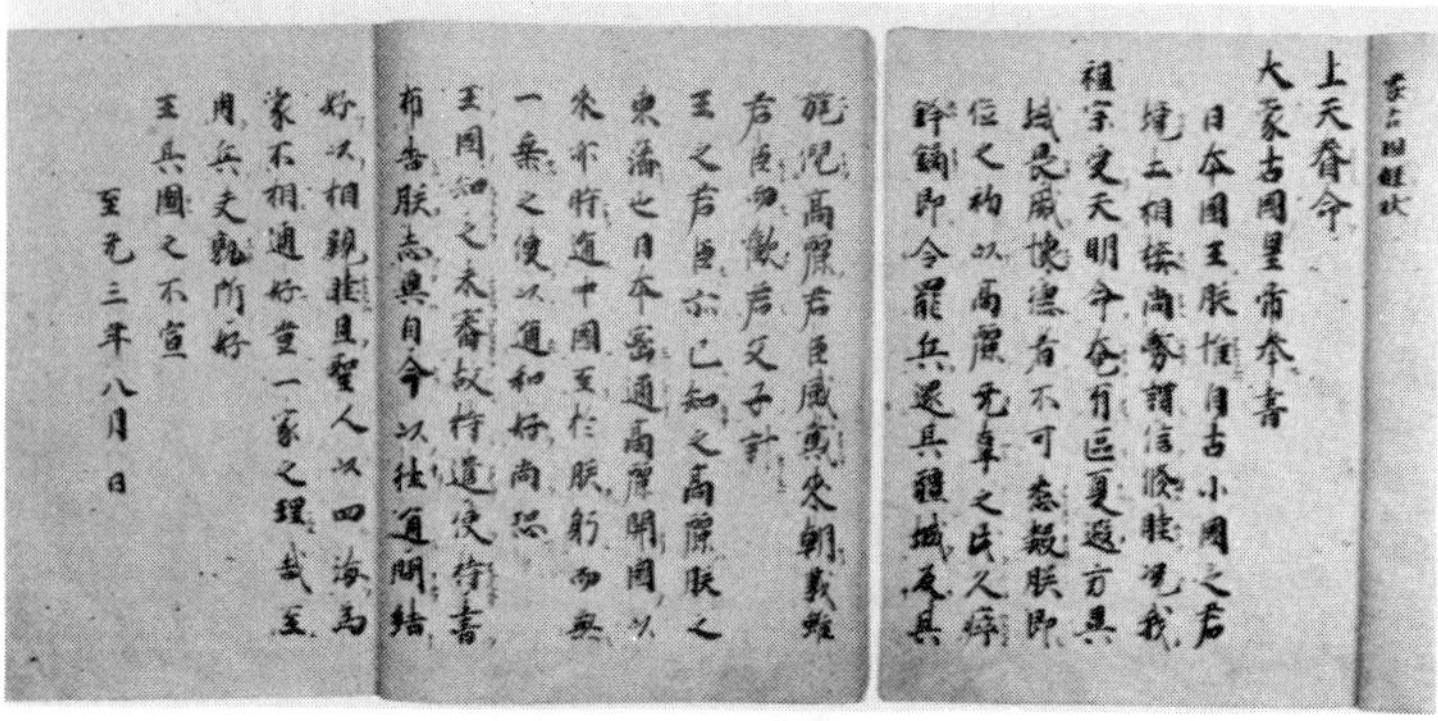
蒙古國牒状
上天眷命
大蒙古國皇帝奉書
日本國王 朕惟自古小國之君
境土相接 尚務講信修睦 況我
祖宗受天明命 奄有區夏 遐方異
域畏威懐徳者 不可悉數 朕即
位之初 以高麗無辜之民久瘁
鋒鏑 即令罷兵 還其疆域 反其
旄倪 高麗君臣感戴來朝 義雖
君臣 歡若父子 計
王之君臣 亦已知之 高麗朕之
東藩也 日本密邇高麗 開國以
來 亦時通中國 至於朕躬 而無
一乘之使 以通和好 尚恐
王國知之未審 故特遣使 持書
布告朕志 冀自今以往 通問結
好 以相親睦 且聖人以四海為
家 不相通好 豈一家之理哉 至
用兵 夫孰所好
王其圖之 不宣
至元三年八月 日

文永五年閏正月到来の蒙古国・国書

当時蒙古は中国を制圧し、朝鮮を降《くだ》し、その侵略は西は地中海沿岸にまでおよび、まさに全世界を併呑《へいどん》する勢いであった。その侵略性から見て、もし日本が入貢《にゅうこう》を拒絶《きょぜつ》すれば、「兵を用うるに至る」の一語が事実となることは眼に見えていた。

まさに日本国始まって以来の国難である。幕府・朝廷を初め、日本一国は震撼《しんかん》した。当時の関白《かんぱく》・近衛基平《このえもとひら》はその日記に「国家の珍《ちん》事《じ》・大事なり、万人驚嘆《きょうたん》のほかなし」と記している。

九ヶ年前の立正安国論の御予言はここに適中したのである。下種《げしゅ》本仏成道御書《ほんぶつじょうどうごしょ》に

「去《い》ぬる文永五年後《のち》の正月十八日、西戎《さいじゅう》大蒙古国より日本国を襲うべきよし、牒状《ちょうじょう》をわたす。日蓮が去ぬる文応《ぶんのう》元年太歳庚申に勘《かんが》えたりし立正安国論、すこしもたがわず符合《ふごう》しぬ。此の書は白楽天《はくらくてん》が楽府《がふ》にも越《こ》へ、仏の未来記にもをとらず、末代の不思議なに事かこれに過ぎん」と。

そもそも大聖人の御予言は、国際状勢を分析《ぶんせき》しての政治的予見でもなければ、占《うらな》い師《し》の当てごとでもない。仏法の道理に照らして、かくすればかくなると御断定されたものである。ゆえに

「日蓮はいまだ筑紫《つくし》を見ず、西戎《えぞ》をしらず、一切経をもって勘《かんが》へて候へば、すでに値《あい》ぬ」（清澄寺大衆中）と。

立正安国論は、謗法の罪により日本国の人々、今生《こんじょう》には他国侵逼《たこくしんぴつ》・自界叛逆《じかいほんぎゃく》の大難に値《あ》い、未来には阿鼻《あび》地獄に堕《お》ちることを、正嘉《しょうか》の大地震を先相《せんそう》として判じ給うたものにほかならない。

いまその予言適中し、蒙古の国書到来となれば、日本の国主たる者、大聖人の仰せのただならぬことに驚き、早々《そうそう》に召《め》して今後の対策をも尋ねるべきである。

しかるに数ヶ月を経ても、幕府からは何の沙汰《さた》もなかった。もしこのまま過ぎゆくならば

「此の国の人人、今生《こんじょう》には一同に修羅道《しゅらどう》に堕《だ》し、後生《ごしょう》には皆阿鼻大城《あびだいじょう》に入らん事疑い無き者なり」（曾谷二郎入道殿御返事）

ということになる。大聖人の最も憂え、かつ不憫《ふびん》とおぼされるのはこの一事であった。ゆえに蒙古の国書到来を機に、大聖人の御諫暁はいよいよ強烈の度を増された。

この年の三月、幕府の執権《しっけん》は北条時宗《ときむね》となった。時宗は最明寺時頼の子であり、この時わずか十八歳。そして幕政の実権は、徐々《じょじょ》に執権の執事《しつじ》・侍所《さむらいどころ》の長官である平左衛門尉頼綱《へいのさえもんのじょうよりつな》の握《にぎ》るところとなるのであった。

法鑒房を諫暁

大聖人はまず同年四月五日、平左衛門《へいのさえもん》の父と伝えられる法鑒房《ほうがんぼう》に一通の諫書《かんしょ》を送られた。これが「立正安国論御勘由来《ごかんゆらい》」である。

その内容は、まず立正安国論の大意を示し、蒙古の国書到来によって安国論の予言が符合《ふごう》したこと、そしてもし謗法の高僧によって祈るならばいよいよ国の破滅疑い無しと断じられ、最後に

「日蓮復之《またこれ》を対治《たいじ》するの方之《ほうこれ》を知る、叡山《えいざん》を除《のぞ》いて日本国には但《ただ》一人なり。譬《たとえ》ば日月の二《ふた》つ無きが如く、聖人《しょうにん》肩を並《なら》べざるが故なり。……之《これ》を用いざれば定めて後悔《こうかい》有るべし」

と諫められたものである。しかし法鑒房《ほうがんぼう》からは何の返事もなかった。

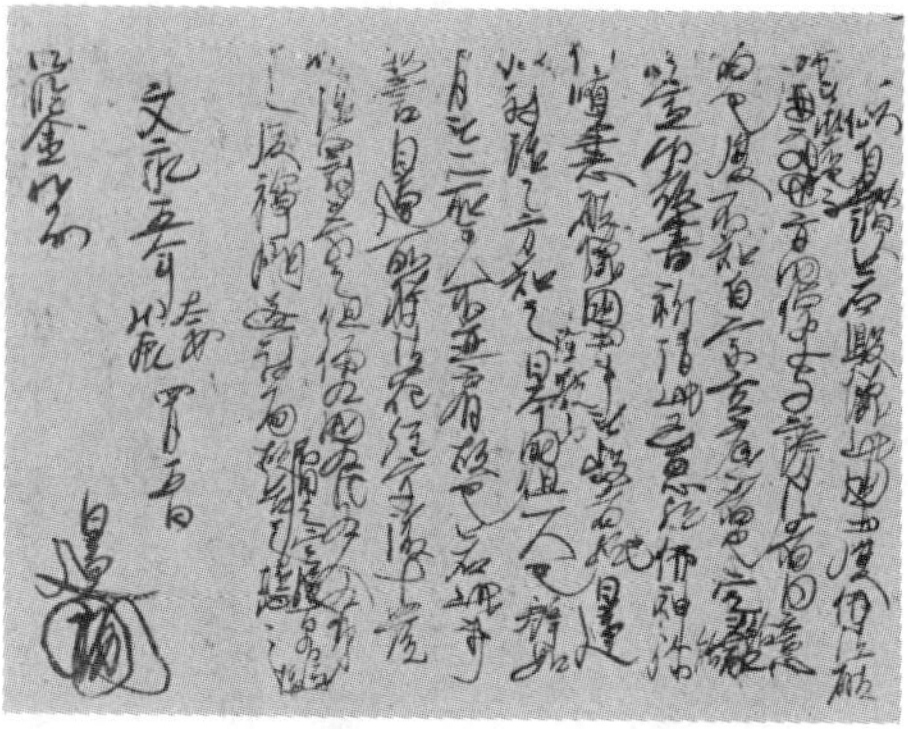

「立正安国論御勘由来」（御真蹟）

宿屋入道に諫状

大聖人の御諫暁はさらに進む。次は宿屋左衛門入道《やどやさえもんのにゅうどう》に諫書を宛《あ》てられた。彼は幕府の寺社奉行《じしゃぶぎょう》、しかも執権《しっけん》の有力なる側近でもある。曽《か》って立正安国論もこの人の手を経て時頼に進覧《しんらん》されており、この筋はいわば正規のルートである。

この時の諫状が、今日、本宗の御会式《おえしき》において奉読される文永五年の申状《もうしじょう》である。その全文は

「其《そ》の後書《ごしょ》絶《た》えて申さず、不審極《ふしんきわま》り無く候。抑去《そもそもいぬ》る正嘉《しょうか》元年丁巳八月二十三日戌亥《いぬい》の刻《こく》の大地震、日蓮諸経を引いて之《これ》を勘《かんが》えたるに、念仏宗と禅宗等とを御帰依《ごきえ》有るがの故に、日本守護の諸大善神瞋恚《しんに》を作《な》して起す所の災《わざわい》なり。若《も》し此れを対治《たいじ》無くんば、他国の為に此の国を破らる可《べ》きの由《よし》、勘文《かんもん》一通之《これ》を撰《せん》し、正元《しょうげん》二年庚申七月十六日御辺《ごへん》に付け奉って故《こ》最明寺入道殿へ之を進覧《しんらん》す。其の後九箇年《くかねん》を経《へ》て、今年《こんねん》大蒙古国の牒状《ちょうじょう》之有る由風聞《よしふうもん》す等云云。経文の如くんば、彼の国より此の国を責《せ》めん事必定《ひつじょう》なり。而るに日本国の中には日蓮一人彼《か》の西戎《さいじゅう》を調伏《ちょうぶく》すべきの人に当り、兼《かね》て之を知り、論文《ろんもん》に之を勘《かんご》う。君の為、国の為、神の為、仏の為、内奏《ないそう》を経《へ》らるべきか、委細《いさい》の旨は見参《げんざん》を遂げて申す可く候。恐恐謹言《きょうきょうきんげん》。

文永五年八月二十一日

日蓮　花押《かおう》

宿屋左衛門入道殿」

蒙古の襲来を予知せられたのは、日本国にただ大聖人御一人である。しからばこの大難を解決する方

法を知るのも大聖人御一人であられることは自明の理である。よって宿屋左衛門もし忠臣として君を思い、国を思うならば、国主にこの大事を内奏《ないそう》せらるべきであると、強く促《うなが》し給うたのである。

これも返報《へんぽう》が無かった。翌九月、大聖人さらに宿屋入道に書を送られ、奏上《そうじょう》を促《うなが》された。

「若《も》し又《また》万一、他国の兵、此の国を襲《おそ》う事出来《ことしゅったい》せば、知って奏《そう》せざるの失《とが》は偏《ひと》えに貴辺《きへん》に懸《かか》るべし」

（宿屋入道再御状）と。

またしても何の反応も無かった。なぜであろうか。それは背後に諸宗の高僧の執拗《しつよう》なる讒奏《ざんそう》があったからである。

良観・道隆等の高僧は九ヶ年前、立正安国論の他国侵逼《たこくしんぴつ》の予言を荒唐無稽《こうとうむけい》と嘲笑した。しかしこれが符合《ふごう》したのを見て、居ても立ってもいられない焦《あせ》りを感じた。このことによりもし幕府が大聖人を用いるようにでもなれば、自分達の威徳《いとく》は衰える。ここに怨嫉《おんしつ》の炎は燃えさかり、大聖人に対し無量の讒言《ざんげん》が構《かま》えられたのであった。

中興《なかおき》入道消息に

「此の事を諸道《しょどう》の者をこつきわらひ（嘲笑）し程に、九箇年《くかねん》すぎて去《い》ぬる文永五年に大蒙古国より日本国を襲《おそ》うべきよし牒状《ちょうじょう》わたりぬ。此の事のあふ故に、念仏者・真言師等あだみて失《うしな》はんとせしなり。……日蓮が勘文《かんもん》あらわれて、大蒙古国を調伏《ちょうぶく》し日本国勝つならば、此の法師《ほっし》は日本第一の僧となりなん、我等が威徳衰《いとくおとろ》うべしと思うかのゆえに讒言《ざんげん》をなす」と。

十一通申状

蒙古の襲来を招いたのは一国上下の謗法であり、その元凶《がんきょう》は諸宗の高僧である。しかるに彼らは亡国の危機を眼前にしても一分の懺悔《ざんげ》もなく、なお讒言《ざんげん》を構えている。

ここにおいて大聖人は、悪の根を断ち、一気に法の邪正を決すべく、一大手段を講ぜられた。すなわち公場対決《こうじょうたいけつ》の申し入れである。

公場対決とは、国主・大臣等の面前で行う法論で、この方法を以って仏法の邪正を決することは、古来より仏家《ぶっけ》の習《なら》わしである。ゆえに中国の天台大師は陳《ちん》・隋《ずい》両主の前で南北の諸師と対論して勝負を決し、日本の伝教大師は桓武《かんむ》天皇の御前において六宗の邪義を破して法華経の正義を顕わしている。

およそ、正法を用いて国を安泰ならしむるのは国主たる者の義務であれば、もし邪正肩を並べて見わけ難い時は、両者を召し合わせ対決させるべきである。ゆえに大聖人は国主にこの公場対決の実行を促《うなが》し、諸宗の高僧には対決に応ずるよう強く迫られたのである。

十一通の申状は認《したた》められた。送り先は、為政者としては執権の北条時宗、さらに平左衛門尉頼綱《じょうよりつな》・宿屋左衛門尉光則《じょうみつのり》・北条弥源太《やげんた》の四人。諸宗の代表としては建長寺道隆・極楽寺良観・大仏殿《だいぶつでん》別当《べっとう》・寿福寺《じゅふくじ》・浄光明寺《じょうこうみょうじ》・多宝寺《たほうじ》・長楽寺《ちょうらくじ》の七箇所、以上の十一通である。

いまこの中から、北条時宗と良観に与えられた御状を拝してみよう。

北条時宗への御状

「謹んで言上《ごんじょう》せしめ候。抑《そもそ》も正月十八日西戎《さいじゅう》大蒙古国の牒状《ちょうじょう》到来すと。日蓮先年諸経の要文《ようもん》を集め之を勘《かんが》えたること立正安国論の如く少しも違《たが》わず普合《ふごう》しぬ。日蓮は聖人《しょうにん》の一分に当れり。未萌《みぼう》を知るが故なり。

然る間、重ねて此の由《よし》を驚かし奉る。急ぎ建長寺・寿福寺・極楽寺・多宝寺・浄光明寺・大仏殿《だいぶつでん》等の御帰依を止めたまえ。然らずんば重ねて又四方より責め来る可きなり。速《すみや》かに蒙古国の人を調伏して我が国を安泰ならしめ給え。彼を調伏《ちょうぶく》せられん事日蓮に非《あら》ざれば叶う可《べ》からざるなり。諫臣《かんしん》国に在《あ》れば則《すなわ》ち其の国正しく、争子《そうし》家に在れば則ち其の家直し。国家の安危《あんき》は政道の直否《じきひ》に在り、仏法の邪正は経文の明鏡に依る。

夫れ此の国は神国《しんこく》なり、神は非礼《ひれい》を稟《う》けたまわず。天神《てんじん》七代《しちだい》・地神《ちじん》五代《ごだい》の神神《かみがみ》、其の外《ほか》諸天善神等は一乗《いちじょう》擁護《おうご》の神明《しんみょう》なり。然も法華経を以て食《じき》と為し、正直を以て力《りき》と為す。法華経に云く、諸仏《しょぶつ》救世《ぐせ》者《しゃ》は大神通《だいじんづう》に住して衆生を悦《よろこ》ばしめんが為の故に無量の神力を現ずと。一乗棄捨《いちじょうきしゃ》の国に於ては豈《あに》善神怒《いかり》を成《な》さざらんや。仁王《にんのう》経に云く、一切の聖人去る時七難必ず起ると。

彼《か》の呉王《ごおう》は伍子胥《ごししょ》が詞《ことば》を捨て吾が身を亡《ほろぼ》し、桀紂《けっちゅう》は竜比《りゅうひ》を失って国位を喪《ほろ》ぼす。今日本国既に蒙古国に奪《うば》われんとす。豈《あに》歎かざらんや、豈驚かざらんや。日蓮が申す事御用い無くんば、定めて後悔之《これ》有る可し。日蓮は法華経の御使《おんつかい》なり。経に云く、則ち如来の使《つかい》、如来の所遣《しょけん》として如来の事《じ》を行ずと。三世諸仏の事《じ》とは法華経なり。

此の由《よし》方方《かたがた》へ之を驚かし奉る。一所に集めて御評議《ごひょうぎ》有って御報《ごほう》に予《あず》かる可《べ》く候。所詮は万祈《ばんき》を抛《なげう》って諸宗を御前《ごぜん》に召し合せ、仏法の邪正を決し給え。澗底《かんてい》の長松《ちょうしょう》未だ知らざるは良匠《りょうしょう》の誤り、闇中《あんちゅう》の錦衣《きんい》を未だ見ざるは愚人の失《とが》なり。

三国仏法の分別《ふんべつ》に於ては殿前《てんぜん》に在り。所謂《いわゆる》、阿闍世《あじゃせ》・陳隋《ちんずい》・桓武《かんむ》是れなり。敢《あえ》て日蓮が私曲《しごく》に非ず、只偏《ひとえ》に大忠を懐《いだ》く。故に身の為に之を申さず。神の為・君の為・国の為・一切衆生の為に言上《ごんじょう》せしむる所なり。恐恐謹言《きょうきょうきんげん》。

文永《ぶんねい》五年戊辰十月十一日　日蓮　花押

謹上《きんじょう》　宿屋《やどや》入道《にゅうどう》殿」

北条時宗

宛名《あてな》は宿屋入道となっているが、宿屋入道を通してまさしく北条時宗に呈《てい》せられた上書《じょうしょ》である。

先に法鑒房《ほうがんぼう》に対して「聖人《しょうにん》肩を並べざるが故なり」と云われ、ここにまた「日蓮は聖人の一分に当れり」と仰せられたことは、刮目《かつもく》して拝さねばならない。大聖人が御自ら「聖人」と称せられたのは実に蒙古の牒状《ちょうじょう》以後である。「聖人」とは「仏」の別号である。以って立正安国論の御予言の適中が、いかなる重大意義を持つかをよく知るべきである。

かかる御境界の上から時宗に対し、国主の義務として公場対決を速《すみや》かに取り運ぶべきを促し給うたのである。

良観への御状

次に良観への御状は

「西戎《さいじゅう》大蒙古国簡牒《かんちょう》の事に就《つい》て、鎌倉殿其の外へ書状を進ぜしめ候。日蓮去る文応元年の比《ころ》勘え申せし立正安国論の如く毫末《ごうまつ》計《ばか》りも之に相違せず候。此の事如何。長老忍性《ちょうろうにんしょう》、速かに嘲哢《ちょうろう》の心を飜《ひるが》えし、早く日蓮房に帰せしめ給え。若し然らずんば人間を軽賤《きょうせん》する者、白衣《びゃくえ》の与《ため》に法を説くの失脱《とがのが》れ難きか。依法不依人《えほうふえにん》とは如来の金言なり。良観聖人の住処を法華経に説て云く、或は阿練若《あれんにゃ》に有り、納衣《のうえ》にして空閑《くうげん》に在りと、阿練若《あれんにゃ》は無事《ぶじ》と飜《ほん》ず、争《いかで》か日蓮を讒奏《ざんそう》するの条、住処と相違せり。併《しかし》ながら三学《さんがく》に似《に》たる矯賊《きょうぞく》の聖人なり。僣聖増上慢《せんしょうぞうじょうまん》にして今生は国賊、来世は那落《ならく》に堕在《だざい》せんこと必定《ひつじょう》なり。聊《いささ》かも先非《せんぴ》を悔《く》いなば日蓮に帰す可《べ》し。此の趣《おもむ》き鎌倉殿を始め奉り、建長寺等其の外へ披露《ひろう》せしめ候。

所詮本意を遂げんと欲せば対決に如《し》かず。即ち三蔵浅近《さんぞうせんごん》の法を以て諸経中王《しょきょうちゅうおう》の法華に向うは、江河《こうが》と大海と、華山《かざん》と妙高《みょうこう》との勝劣の如くならん。蒙古国調伏《ちょうぶく》の秘法定めて御存知有る可く候か。日蓮は日本第一の法華経の行者、蒙古国退治の大将為《な》り。於一切衆生中亦為第一《おいっさいしゅじょうちゅうやくいだいいち》とは是れなり。文言多端《もんごんたたん》・理を尽す能《あた》わず。併《しか》しながら省略せしめ候。恐恐謹言。

文永五年戊辰十月十一日　日蓮　花押

謹上　極楽寺長老良観聖人　御所」

なんと歯に衣着《きぬ》せぬ痛快そして峻烈《しゅんれつ》の破折であろうか。万人に「生き仏」のごとく崇められている良観の偽善の仮面を剥《は》ぎとり、その正体を「僣聖増上慢《せんしょうぞうじょうまん》」と露《あら》わし、「今生《こんじょう》は国賊《こくぞく》、来世《らいせ》は那落《ならく》」と決判されたのである。これを開き見た良観房の顔や見るべしである。さらに「所詮、本意を遂《と》げんと欲せば対決に如《し》かず」のくだりを読むに至っては、彼は狐が師《し》子吼《く》を聞いて四肢《し》すくむように、震え出したに違いない。

以上の十一通申状は謗法の諸僧を徹底して追いつめたものである。もし国主に明あれば、たとえ良観等はこれを嫌うとも、公正に召し合わせるであろう。しかしもし国主が彼等の味方をすれば、大聖人への弾圧は必至となる。

ここに於て大聖人は同日、弟子檀那《でしだんな》一同に御状を下された。

弟子檀那への御状

「大蒙古国の簡牒《かんちょう》到来《とうらい》に就いて、十一通の書状を以て方方《かたがた》へ申さしめ候。定《さだ》めて日蓮が弟子檀那、流《る》罪《ざい》・死罪《しざい》一定《いちじょう》ならんのみ。少しも之を驚くこと莫《なか》れ。方方《かたがた》への強言《ごうげん》申すに及ばず、是れ併《しか》しながら而《に》強《ごう》毒《どく》之《し》の故なり。日蓮庶幾《しょき》せしむる所に候。各各《おのおの》用心有るべし。少しも妻子《さいし》眷属《けんぞく》を憶《おも》うこと莫《なか》れ、権威《けんい》を恐るること莫《なか》れ、今度《こんど》生死《しょうじ》の縛《ばく》を切って仏果を遂《と》げしめ給え。

鎌倉殿・宿屋入道・平の左衛門尉《じょう》・弥源太《やげんた》・建長寺・寿福寺・極楽寺・多宝寺・浄光明寺・大仏殿・長楽寺已上十一箇所。仍《よ》って十一通の状を書して諫訴《かんそ》せしめ候い畢《おわ》んぬ。定めて子細《しさい》有る可し。日蓮が所に来《きた》りて書状等披見《ひけん》せしめ給え。恐恐謹言。

文永五年戊辰十月十一日　　日蓮　花押

日蓮弟子《でし》檀那《だんな》中《ちゅう》」

末法は悪国・悪時である。謗法の悪比丘《あくびく》を強く呵責《かしゃく》し追いつめるならば、国主に讒奏《ざんそう》し、ついには流《る》罪《ざい》・死罪《しざい》に及ぶこと必定《ひつじょう》である。大聖人はこの十一通の諫訴《かんそ》により、身命に及ぶ事態の必ず来ることを覚悟しておられた。

「而《に》強《ごう》毒《どく》之《し》」（而も強《し》いて之を毒す）とは、法を聞くことを好まぬ者に対して強《し》いてこれを説き、毒《どく》心《しん》を起させることである。毒心とは貪《とん》・瞋《じん》・癡《ち》の三毒、中にも瞋恚《しんに》である。南無妙法蓮華経を境として瞋恚を起せば未来成仏の種となる。この救済方法は下種御本仏の折伏の御化導であり、大慈悲の至れるところである。しかしながら

「妻子眷属《けんぞく》を憶《おも》うこと莫《なか》れ、権威を恐るること莫《なか》れ。今度生死の縛《ばく》を切って仏果を遂げしめ給え」

とは何と強く厳しきお言葉であろうか。〝仏法のために身命を捨つる者必ず仏に成る〟の御確信なくして、どうしてこの御言葉が仰せられよう。この御状を拝し、定めて信心弱き者は臆《おく》する心が生じたであろう。また信心決定の弟子檀那は、いよいよ大聖人と運命を共にせんと決意したことであろう。

十一通申状の反応

さて、十一通の諫状に対する幕府や諸僧の反応はどうであったか。下種本仏成道御書に

「国に賢人《けんじん》なんどもあるならば、不思議なる事かな、これはひとへにただ事にはあらず、天照太神《てんしょうだいじん》・正八幡宮《しょうはちまんぐう》の此の僧に託《つ》いて日本国のたすかるべき事を御計《おんはか》らいのあるかとをもわるべきに、さはなくて或は使《つかい》を悪口《あっく》し、或はあざむき……」と。

大聖人の使者に対し、あるいは罵《ののし》り、あるいは欺《あざむ》き、あるいは突き返えし、あるいは受け取っても返事もせず、あるいは返事をしても上に取り次がぬという有りさまであった。

謗法の僧侶が、大聖人を憎むあまり使いを罵《ののし》るのはまだしも、国主の傍《そば》にあって仕える者までが、感

情にまかせて上に取り次がぬというのは公私を混同した義務の怠慢というべきである。

事は日本の命運にかかわること、国主の身にとっての重大事、ならば仕える者にとってもやがて我が身の大事となるべきことである。しかるにこの態度をとるとは、日本国の上下すでに長きにわたる謗法で本心を失い、その上蒙古の牒状を見て正念《しょうねん》を失ってしまったのであった。

翌文永六年三月、再度蒙古の国使《こくし》が到来し、さらに九月にも来朝して返牒《へんちょう》を迫った。すでに三たびにわたる国使の到来にもかかわらず、幕府は大聖人の諫暁《かんぎょう》を黙殺した。

大聖人はいよいよ不憫《ふびん》とおぼされ、この年十一月、再び前年の十一通申状のごとき諫状を各所に送られた。今回は蒙古の只ならぬ動きを見て動揺したのか、執権にも取り次がれた。しかし何の沙汰もなかった。

黙殺のままに過ぎゆくことは、大聖人の最も不本意とされる所である。ゆえにこの御心境を金吾殿《きんごどの》御返事《ごへんじ》に

「これほどの僻事《ひがごと》申して候へば、流《る》・死《し》の二罪の内は一定《いちじょう》と存ぜしが、いままでなにと申す事も候はぬは不思議とをぼへ候。……人身《にんしん》すでにうけぬ。邪師《じゃし》又まぬがれぬ。法華経のゆへに流罪に及びぬ。今死罪に行われぬこそ本意ならず候へ。あわれさる事の出来し候へかしとこそはげみ候いて、方々《かたがた》に強言《ごうげん》をかきて挙げをき候なり。すでに年五十に及びぬ、余命いくばくならず。いたづらに曠野《こうや》にすてん身を、同じくは一乗法華のかたになげて、雪山童子《せっせんどうじ》・薬王菩薩《やくおうぼさつ》の跡をおひ、仙予《せんよ》・有徳《うとく》の名を後代に留めて、

法華・涅槃《ねはん》経に説き入れられまいらせんと願うところなり」と。

法の為に身を捨てて始めて仏果を得る。そして大聖人の得《え》給う大仏果は、即末法の一切衆生の成仏の道をふみあけるものである。大聖人のかかる不惜身命・大慈大悲の御心境は、凡慮《ぼんりょ》のとうてい及ばぬところである。

祈雨の勝負

幕府・諸僧の黙殺は続いた。しかし長きこの黙殺も、ついに破れる時が来た。その契機となったのは大旱魃《かんばつ》であった。文永八年の春から夏にかけ、関東においては一滴の雨も降らず、草木はことごとく枯《こ》死《し》する有りさまであった。窮《きゅう》した幕府は、常々祈雨の効験《こうけん》を誇っていた良観に祈雨の祈りを命じた。

僣聖増上慢・良観

良観は先にも述べたように、当時最も幕府を動かすに力のあった僧侶である。そして以前は極楽寺重時と意を通じ、今は実力者・平左衛門と結んでいた。

彼は世人の尊敬を得るため、身には「二百五十戒《かい》」という戒律《かいりつ》を持《たも》ち、粗衣粗食《そいそしょく》に甘んじ、また諸々に井戸を掘り、橋を架《か》け、道を作り、病人に薬を与える等の慈善事業を行った。しかしこれらは全くの

売名行為で、その実は破戒《はかい》、そして私財《しざい》を蓄えるに汲《きゅう》々としていた男である。これらの良観の振舞いを大聖人は聖愚問答抄《しょうぐもんどうしょう》に

「今の律僧《りっそう》の振舞《ふるまい》を見るに、布絹《ふけん》・財宝《ざいほう》をたくはへ、利銭《りせん》・借請《しゃくしょう》を業《ぎょう》とす。教行《きょうぎょう》既に相違《そうい》せり、誰か是れを信受《しんじゅ》せん。次に道を作り、橋を渡す事、還《かえ》って人の歎きなり。飯嶋《いいじま》の津《つ》にて六浦《むつら》の関米《せきまい》を取る、諸人の歎き是れ多し。諸国七道の木戸《きど》、是れも旅人のわづらい只《ただ》此の事に在り、眼前の事なり」と。

道を作り橋を架《か》けたのも、実は通行の諸人から金を巻き上げるため、そしてその財宝を蓄え金貸しを業としていたのが良観の実態であった。さらに教行証御書《きょうぎょうしょうごしょ》には

「律宗・忍性《にんしょう》が一党、誰か一戒をも持てる。還堕三途《げんださんず》は疑い無し。若《も》しは無間《むげん》地獄にや落ちんずらん」

と。

「忍性」とは良観のことである。彼は二百五十戒などとはいうもおろか、一戒も持たぬ破戒の偽善者《ぎぜんしゃ》であった。

ちなみに云えば、末法は持戒《じかい》でも破戒《はかい》でもない無戒《むかい》の時である。ゆえに一切の戒律は不用となる。三大秘法を受持することが、そのまま本門の大戒となるのである。もし末法に〝戒律を持っている〟などと云う者があれば、それは偽者《にせもの》と云わねばならない。ゆえに伝教大師は

「末法の中に持戒《じかい》の者有らば、是れ怪異《けい》なり。市《いち》の中に虎《とら》有るが如《ごと》し、此れ誰か信ずべき」

と未来を誡めている。良観の「二百五十戒」はまさしく「怪異《けい》」、これ人を欺くための装《よそお》いだったの

である。

法華経には、末法に法華経の行者出現すれば、必ず三類の強敵《ごうてき》が競い起る旨が記されている。三類とは俗衆《ぞくしゅう》・道門《どうもん》・僣聖《せんしょう》の三つの増上慢《ぞうじょうまん》である。俗衆増上慢とは、正法を怨《あだ》む国主ならびに一般大衆。道門増上慢とは怨嫉《おんしつ》の一般僧侶。僣聖《せんしょう》増上慢とは、民衆から「生き仏」のごとく崇《あが》められ、聖者《せいじゃ》のようによそおいながら正法を強く怨嫉する者である。大聖人は良観を、この「僣聖増上慢」と喝破《かっぱ》された。

良観が大聖人をいかに怨嫉《おんしつ》したかはいうまでもない。またいかに恐れていたかは、次の教行証御書に明らかである。

「彼《か》の良観が、日蓮遠国《おんごく》へ下向《げこう》と聞く時は諸人に向って、急ぎ急ぎ鎌倉へ上《のぼ》れかし、為に宗論《しゅうろん》を遂《と》げて諸人の不審《ふしん》を晴《はら》さんなんど自讃毀他《じさんきた》する由《よし》、其の聞え候。……又日蓮鎌倉に罷上《まかりのぼ》る時は、門戸《もんこ》を閉じて内《うち》へ入るべからずと之を制法《せいほう》し、或は風気《かざけ》なんど虚病《けびょう》して罷《まか》り過ぎぬ」と。

良観の滑稽《こっけい》なる狡猾《こうかつ》ぶり、眼前に見えるようである。

良観の惨敗

この良観が、幕府の祈雨の命を承諾《しょうだく》したのである。魔僧であれば、一分の通力《つうりき》を持っていたのであろうか。「彼、常に雨を心に任せて下《ふら》す由《よし》披露《ひろう》あり」（下山御消息）と。ともかく良観は雨を降らせることには自信があったようである。

この祈雨《きう》の機会を大聖人が見逃し給うはずがない。法論にはとうてい応じない相手であれば、彼が最も得意とする祈雨で勝負を決せんとし給うた。本来雨の降る降らぬは小事《しょうじ》である。ただし万人の知り易《やす》きところ、見やすき現証である。よって大聖人はこの現証について、法の邪正を決せんとせられたのである。

また良観房は常々「日本国の僧尼《そうに》には二百五十戒・五百戒、男女《なんにょ》には五戒・八斎戒《はっさいかい》等を一同に持《たも》たせんとおもうに、日蓮が此の願《がん》の障《さわ》りとなる」（下山御消息）などと歎いていた。大聖人はこの気障《きざ》な「歎き」を逆手《さかて》に取られた。直ちに良観の許《もと》に使いを遣《つかわ》し

「七日の内にふらし給はば、日蓮が念仏無間《ねんぶつむげん》と申す法門すてて良観上人の弟子と成りて、二百五十戒持つべし。雨ふらぬほどならば、彼《か》の御房《ごぼう》の持戒《じかい》げなるが大誑惑《だいおうわく》なるは顕然《けんねん》なるべし」（頼基陳状）と。

これを聞いた良観は泣いて悦《よろこ》んだ。今こそ〝憎き日蓮房を倒す無二《むに》の好機〟と思ったのであろう。彼、祈雨だけにはよほど自信があったに違いない。

「良観房悦《よろこ》び泣いて、七日の内に雨ふらすべき由《よし》にて、弟子百二十余人、頭より煙を出し、声を天にひびかし、或は念仏、或は請雨経《しょううきょう》、或は法華経、或は八斎戒《はっさいかい》を説きて種種に祈請《きしょう》す」（頼基陳状）

だが、四・五日たっても雨気《あまけ》は少しもない。動転した良観は多宝寺《たほうじ》に応援を頼んでさらに数百人を呼び集め、またも頭より煙を出して祈った。――七日は過ぎた。ついに雨は一滴《いってき》も降らなかった。

この間、大聖人は三度も使いを遣《つか》わし、痛烈に責められた。まず〝淫女《いんにょ》の泉式部《いずみしきぶ》・破戒の能因法師《のういんほっし》で

も三十一字《みそひともじ》を以てたちまちに降らせた雨を、いま持戒第一・慈悲第一の良観房が数百人と共に祈って、どうして七日の間に降らすことが出来ぬのか〟と仰せられたのち

「是《こ》れを以て思い給へ、一丈《いちじょう》の堀を越えざる者、二丈三丈の堀を越えてんや。易《やす》き雨をだにふらし給はず、況《いわん》や難《がた》き往生成仏《おうじょうじょうぶつ》をや。然れば今よりは日蓮怨《あだ》み給う邪見をば、是を以て翻《ひるが》えし給へ。後生《ごしょう》をそろしくをぼし給はば、約束のままにいそぎ来り給へ。雨ふらす法と、仏になる道教《おし》へ奉らむ」（頼基陳状）と責められた。

大聖人が祈雨に用いられた三具足（大石寺蔵）

しかし良観はまだ頭を下げなかった。未練にも〝あと七日の猶予《ゆうよ》を〟と哀請《あいせい》して来た。大確信を有せられる大聖人はこれを承諾《しょうだく》された。

再び良観の必死の祈りが始まった。前にもまして人数をかり集め、脳天よりしぼるその声は晴天に高く響いた。だが落ちるは良観の汗と涙ばかり。またしても雨は露ほども降らなかった。それだけではない、悪風が終日吹きまくったのであった。まさに完敗である。良観は泣き伏し、弟子共は切歯扼腕《せっしやくわん》した。

良観の完敗ののち、大聖人は万民の苦しみを救わんと、御自

ら雨を祈られた。慈雨《じう》、静かに降り続いて三日止《や》まず、と伝えられている。

この祈雨《きう》に際し、大聖人が用いられた燭台《しょくだい》・花立《はなたて》・香炉《こうろ》の三具足《みつぐそく》は、今日総本山大石寺に厳存《げんそん》している。

この祈雨の勝負を見るにつけ、もし大聖人に諸天を駆使《くし》するの御力なければ、どうしてこのような賭《と》宗《しゅう》の対決をなし得《え》ようか、との思いを深くする。

良観の讒言《ざんげん》

もし良観に少しの道念でもあったなら、約束のままに大聖人の弟子となったであろう。また少しでも恥を知るならば、人目を避《さ》けて山林にも閉《と》じこもったことであろう。

だが、この〝生き仏〟がこの時胸に堅めた思いは、恐るべきかな〝大聖人の殺害〟であった。これより大聖人を死地《しち》に陥《おとし》れんとする彼の策謀《さくぼう》は、密《ひそ》かに進められた。

行敏の訴状

祈雨の一件より間もない七月八日、大聖人のもとに一通の書状が送られて来た。浄光明寺《じょうこうみょうじ》に住む念仏の僧・行敏《ぎょうびん》の名を以っての、法論申し入れである。良観が諸僧と密議《みつぎ》をこらした結果の第一手であった。

法論はもとより大聖人の望むところ、ただし、私的《してき》の法論では事の決着にならない。行敏があえてこれを仕掛けてきたのは悪計あっての事である。彼らはこの法論をきっかけとして、幕府に訴え出る言質《げんち》を取ろうとしたのであった。

大聖人は直ちに

「私の問答は事《こと》行い難く候か。然れば上奏《じょうそう》を経《へ》られ、仰せ下さるるの趣に随って是非を糺明《きゅうめい》せらるべく候か」（行敏御返事）と。

私的な法論ではなく、公場対決なら望むところである、と返書を与えられたのである。

行敏ごときに、もとより公場対決など出来るわけがない。再び良観を中心に密議《みつぎ》がこらされた。その結果行敏は、大聖人を誹謗《ひぼう》する訴状《そじょう》を問注所《もんちゅうしょ》に提出した。同時に良観も執権・北条時宗に対して訴状を出した。

幕府は行敏の訴状について、大聖人にその釈明を求めた。大聖人は直ちに筆をとり、論難の条々について完膚《かんぷ》なき破折を加えられた。

幕府から大聖人の答弁書を見せられた良観らは、反論の気力も失せ、引き下らざるを得なかった。またしても彼等は恥をさらし、自ら墓穴《ぼけつ》を掘ったのであった。

良観、大聖人の断罪を訴う

堂々の公場対決はできない、訴状も効果なしとなれば、良観らの為すことは一つしかない。それは、彼らの信者である権門《けんもん》の女房《にょうぼう》・後家尼《ごけあま》等の感情に訴え、幕府を動かして大聖人を斬罪《ざんざい》に陥《おとしい》れることだけであった。

下種本仏成道御書に

「さりし程に、念仏者・持斎《じさい》・真言師等、自身の智は及ばず、訴状も叶わざれば、上郎《じょうろう》・尼《あま》ごぜんたちにとりつきて、種種に構《かま》へ申す」

いまや〝生き仏〟たちは、見栄《みえ》も外聞《がいぶん》もかなぐり捨てて行動を開始した。妙法比丘尼《びくに》御返事には

「極楽寺の生仏《いきぼとけ》の良観聖人折紙《おりがみ》をささげて上へ訴へ、建長寺の道隆聖人は輿《こし》に乗りて奉行人にひざまづく」と。

何を訴えたのであろうか。すなわち〝日蓮房は故《こ》最明寺入道殿（北条時頼）・極楽寺入道殿（北条重時）を地獄に堕《お》ちたと悪口《あっく》し、建長寺・極楽寺を焼き払い、道隆・良観等の頸《くび》を刎《は》ねよと云っている〟と泣きつき煽動《せんどう》したのである。ことに良観などは〝大聖人を斬罪《ざんざい》に処し給え〟とまで強く訴えた。この訴えを聞いた尼御前《あまごぜん》たちは興奮し、ついに執権・時宗ならびに平左衛門を動かし、大聖人断罪《だんざい》の評定《ひょうじょう》を開かしめるに至った。

報恩抄には

「天下第一の大事、日本国を失《うしな》わんと咒咀《じゅそ》する法師《ほっし》なり。故《こ》最明寺殿・極楽寺殿を無間地獄《むげんじごく》に堕《お》ちた

りと申す法師なり。御尋ねあるまでもなし、但《ただ》須臾《しゅゆ》に頸《くび》をめせ、弟子等をば又或は頸を切り、或は遠国《おんごく》につかはし、或は籠《ろう》に入れよと、尼ごぜんたちいからせ給いしかば、そのまま行われけり」と。

大聖人の一門に、重大なる危機は迫った。この推移《すいい》をごらんになった大聖人は、不惜身命《ふしゃくしんみょう》の決意を促《うなが》すべく、弟子檀那を励まし給うた。

「各各《おのおの》思い切り給へ。此の身を法華経にかうるは、石に金《こがね》をかへ、糞《ふん》に米をかうるなり。仏滅後二千二百二十余年が間、迦葉《かしょう》・阿難《あなん》等、馬鳴《めみょう》・竜樹《りゅうじゅ》等、南岳《なんがく》・天台《てんだい》等、妙楽《みょうらく》・伝教《でんぎょう》等だにも未《いま》だひろめ給わぬ法華経の肝心・諸仏の眼目《げんもく》たる妙法蓮華経の五字、末法の始に一閻浮提《いちえんぶだい》にひろまらせ給うべき瑞相《ずいそう》に日蓮さきがけしたり。和党《わとう》ども二陣三陣つづきて、迦葉《かしょう》・阿難《あなん》にも勝ぐれ、天台・伝教にもこへよかし。わづかの小島《おじま》の主《ぬし》らが威《おど》さんを怖《おじ》ては、閻魔《えんま》王の責めをばいかんがすべき。仏の御使《おんつかい》となのりながら臆《おく》せんは無下《むげ》の人人なり」（下種本仏成道御書）と。

平左衛門を直諫

問注所の尋問

文永八年九月十日、大聖人は問注所《もんちゅうしょ》（裁判所）に呼び出された。いかに幕府でもいきなり斬罪《ざんざい》に処することはできない。そこで〝一応尋問《じんもん》すべし〟とて、大聖人を召喚《しょうかん》したのである。取り調べに当ったのは当時天下の棟梁《とうりょう》、実力並ぶ者なき平左衛門《へいのさえもん》である。彼は威圧的に、最明寺入道・極楽寺入道を地獄に堕ちたと云った件、また建長寺等を焼き払い道隆・良観の頸《くび》を刎《は》ねよと云った件などの実否《じっぴ》を尋問《じんもん》した。

　大聖人は恐れる色もなく

「上件《かみくだん》の事、一言《いちごん》もたがはず申す」(下種本仏成道御書)と認められた。ただし「最明寺殿・極楽寺殿を地獄という事はそらごとなり」(同抄)と仰せられた。なぜなら、謗法により地獄に堕《お》ちるということは、大聖人の立宗以来の御主張、そして時頼・重時の存命中から云われていたことである。ゆえに両人の死後に、地獄に堕ちたと始めて云い出したように非難するのは、訴人《そにん》のつくりごとだったのである。

　ついで大聖人は〝建長寺・極楽寺等を焼き払い、道隆・良観等の頸《くび》を刎《は》ねよ〟と申されたことについて

「詮《せん》ずるところ、上件《かみくだん》の事どもは、此の国を思ひて申す事なれば、世を安穏《あんのん》にたもたんとをぼさば、彼《か》の法師《ほっし》ばらを召し合せてきこしめせ。さなくして、彼等にかわりて理不尽《りふじん》に失《とが》に行わるるほどならば、国に後悔《こうかい》あるべし。……遠流《おんる》・死罪《しざい》の後《のち》、百日・一年・三年・七年が内に、自界叛逆難《じかいほんぎゃくのなん》とて此の御一門《ごいちもん》同士打《どしうち》はじまるべし。其の後は他国侵逼難《たこくしんぴつのなん》とて、四方より、ことには西方《さいほう》よりせめられさせ給うべし。其の時後悔あるべし」

と、強《したた》かに諫められた。さすがの平左衛門も理に詰《つま》り口を閉じた。しかし大聖人に対する憤激《ふんげき》の炎は、かえって彼の胸に燃えたぎった。

一昨日御書

大聖人は翌々日、平左衛門に対し、一書を認《したた》め、重ねて暁諭《ぎょうゆ》されるとともに、立正安国論を改めて進《しん》呈《てい》された。これが一昨日御書《いっさくじつごしょ》である。

「日蓮生《しょう》を此の土《ど》に得《え》たり、豈《あ》に吾《わ》が国を思わざらんや。仍《よ》って立正安国論を造《つく》って故《こ》最明寺入道殿の御時《おんとき》、宿屋《やどや》の入道を以て見参《げんざん》に入れ畢《おわ》んぬ。……法を知り国を思うの志、尤《もっと》も賞《しょう》せらるべきの処《ところ》、邪法・邪教の輩《やから》、讒奏《ざんそう》・讒言《ざんげん》するの間、久しく大忠を懐《いだ》いて未だ微望《みもう》を達せず。剰《あまつさ》え不快《ふかい》の見参《げんざん》に罷《まか》り入ること、偏《ひと》えに難治《なんじ》の次第を愁《うれ》うる者なり。……抑《そもそも》、貴辺《きへん》は当時天下の棟梁《とうりょう》なり。何ぞ国中の良材を損《そん》せんや。早く賢慮《けんりょ》を回《めぐ》らして須《すべから》く異敵《いてき》を退《しりぞ》くべし。世《よ》を安《やす》んじ国を安《やす》んずるを忠と為《な》し孝と為す。是《こ》れ偏《ひと》えに身の為に之を述べず。君の為、仏の為、神の為、一切衆生の為に言上《ごんじょう》せしむる所なり」と。

まことにこの一昨日御書は、大聖人の国を思い世を思う至情《しじょう》あふれる諫状である。平左衛門にして、もし一分でも正直の心あるならば、感ぜずにはいられぬところである。

だがこの日、文永《ぶんねい》八年九月十二日、平左衛門は自ら数百人の武装兵士を率いて、怒濤《どとう》のごとく大聖人の草庵《そうあん》に押し寄せたのであった。

平左衛門「日本国の柱を倒す」

その時のさまは下種本仏成道御書にくわしい。

「去《いぬる》文永八年太歳辛未九月十二日、御勘気《ごかんき》をかほる。其の時の御勘気のやうも常ならず、法にすぎてみゆ。了行《りょうこう》が謀反《むほん》をこし、大夫《たゆう》の律師《りっし》が世をみださんとせしを召《め》しとられしにもこえたり。平左衛門尉《へいのさえもんのじょう》大将として、数百人の兵者《つわもの》に胴丸《どうまろ》きせて烏帽子《えぼし》かけして、眼《まなこ》をいからし、声をあらうす」

小松原の法難の時押し寄せたのは暴徒であった。しかし今度は幕府の正規軍、そして率《ひき》いるは天下の実力者・平左衛門である。幕府は邪法・邪師と召し合わせることもせず、彼らの讒言《ざんげん》を一方的に取り上げ、断罪《だんざい》に踏《ふ》みきったのだ。ついに国家権力が決定的な大謗法を犯すに至ったのである。

立宗以来、大聖人が常に覚悟し心に期《き》しておられたのはこの一事であった。

「日蓮これを見て思うやう、日ごろ月ごろ思ひまうけたりつる事はこれなり。さいわひなるかな、法華経のために身を捨てん事よ。臭《くさ》き頭《こうべ》をはなたれば、沙《いさご》に金《こがね》をかへ、石に珠《たま》を貿《あき》なへるがごとし」(同抄)

と。

庵室《あんしつ》に乱入した軍勢の乱暴狼藉《らんぼうろうぜき》は眼をおおわしめるものがあった。

「平左衛門尉が一の郎従《ろうじゅう》・少輔房《しょうぼう》と申す者はしりよりて、日蓮が懐中《かいちゅう》せる法華経の第五の巻を取り出して面《おもて》を三度さいなみて、さんざんと打ち散らす。又九巻《くかん》の法華経を兵者《つわもの》ども打ちちらして、あるいは

足にふみ、あるいは身にまとひ、あるいは板敷《いたじき》・畳《たたみ》等、家の二三間《にさんげん》にちらさぬ所もなし」（同抄）

兵士のとった行動は、たとえ平左衛門の許すところであったとしても常軌《じょうき》を逸《いっ》している。これは兵士のすべてが念仏者であり、前々から大聖人を「阿弥陀仏《あみだぶつ》の敵《かたき》」として憎んでいたからにほかならない。

この狂態《きょうたい》をじっと御覧になっておられた大聖人は、突如《とつじょ》として大音声《だいおんじょう》を以って平左衛門を叱咤《しった》せられた。

「あら面白《おもしろ》や、平左衛門尉《へいのさえもんのじょう》が物に狂《くる》うを見よ。とのばら、但今《ただいま》ぞ日本国の柱を倒す」（同抄）と。

主《しゅ》・師《し》・親《しん》の三徳、末法下種の御本仏にあらずして、どうしてこのお言葉を発され、このお振舞《ふるま》いがなせようか。大叱咤《だいしった》を受けた平左衛門は顔面蒼白《がんめんそうはく》、身体硬直《しんたいこうちょく》して棒のごとくになった。兵士共も〝逮捕《たいほ》される大聖人こそ臆《おく》すべきなのに、これは一体いかなることか〟と、一様に顔色を失った。

この時の諫暁を撰時抄にはさらに

「文永八年九月十二日申《さる》の時に平左衛門尉に向って云く、日蓮は日本国の棟梁《とうりょう》なり、予《よ》を失うは日本国の柱橦《はしら》を倒すなり。只今に自界反逆難とて同士《どし》打《うち》して、他国侵逼難とて此の国の人々他国に打ち殺さるるのみならず、多くいけどりにせらるべし。建長寺・寿福寺・極楽寺・大仏・長楽寺等の一切の念仏者・禅僧等が寺塔をば焼き払いて、彼等が頸《くび》を由比《ゆい》の浜にて切らずば、日本国必ずほろぶべし」と。

平左衛門の面前で、日本の柱たる大聖人を倒せば自叛《じほん》・他逼《たひつ》の二難近く必ず到来することを、改めて強《したた》かに仰せられたのである。これ第二の国家諫暁であられる。

第九章　発迹顕本

八幡大菩薩を諫暁

幕府は逮捕《たいほ》した大聖人を、表向《おもてむ》きは佐渡流罪としていたが、内心ではその日のうちに竜の口で斬首《ざんしゅ》しようと決めていた。

当時の法律「御成敗式目《ごせいばいしきもく》」に照らしても、世間の罪一分《いちぶん》もなく、ただ国を救わんため仏法の邪正を糺《ただ》さんとされる大聖人を、裁判にもかけずにいきなり死刑にするとは理不尽《りふじん》の限りである。すでに平左衛門《へいのさえもん》は本心を失い、「悪鬼入其身《あっきにゅうごしん》」（悪鬼其《あっきそ》の身に入る）と化《か》していたのであった。

九月十二日の深夜・子《ね》の刻《こく》（午前零時頃）、大聖人は預けられていた武蔵守宣時《むさしのかみのぶとき》の邸《やしき》を引き出《いだ》された。罪人として馬に乗せられた大聖人の廻《まわ》りを、大勢の警護の兵士が取り囲む。行き先は云わずと知れた竜の口である。一行は粛々《しゅくしゅく》と進む。

泰然《たいぜん》として馬上の人となられた大聖人は、若宮小路《わかみやこうじ》に出て八幡宮の前にさしかかった時、馬を止められた。警護の兵士は〝なにごと〟と驚き騒いだが、大聖人はこれを制し

「各々さわがせ給うな、別《べち》の事はなし、八幡大菩薩に最後に申すべき事あり」（下種本仏成道御書・以下同）

とて馬より下り、大音声《だいおんじょう》で仰せられた。

「いかに八幡大菩薩はまことの神か。……今日蓮は日本第一の法華経の行者なり、其の上身に一分のあやまちなし。日本国の一切衆生の法華経を謗《ぼう》じて無間大城《むげんだいじょう》におつべきをたすけんがために申す法門なり。又大蒙古国よりこの国をせむるならば、天照太神《てんしょうだいじん》・正八幡《しょうはちまん》とても安穏におはすべきか。其の上、釈迦仏、法華経を説き給いしかば……各各《おのおの》法華経の行者に疎略《おろか》なるまじき由《よし》の誓状《せいじょう》まいらせよとせめられしかば、一一《いちいち》に御誓状を立てられしぞかし。さるにては日蓮が申すまでもなし、急《いそ》ぎ急《いそ》ぎこそ誓状の宿願《しゅくがん》をとげさせ給うべきに、いかに此の処《ところ》には落ちあわせ給はぬぞ」と。

鎌倉の若宮小路

そして最後に

「日蓮今夜頸《くび》切られて霊山浄土《りょうぜんじょうど》へまいりてあらん時は、まづ天照太神・正八幡こそ起請《きしょう》を用いぬ神にて候いけれと、さしきりて教主釈尊に申し上げ候はんずるぞ。痛しとおぼさば、急《いそ》ぎ急《いそ》ぎ御計《おんはか》らいあるべし」と。

八幡大菩薩は天照太神と共に、日本国守護の善神である。つまり八幡大菩薩は、釈尊が法華経を説いた時その会座《えざ》において、末法に法華経の行者出現するならば必ず守護すべきことを釈尊に堅く誓っている。しかるに今、末法下種の法華経の行者たる日蓮大聖人がまさに首を刎《は》ねられんとするのに、八幡大菩薩は何もしなくてよろしいのか、とその怠慢を強くお叱りになったのである。

なにゆえ大聖人は大勢の見守る前で、ことさら高声を以て八幡大菩薩を諫暁せられたのであろうか。これこそ、発迹顕本《ほっしゃくけんぽん》を眼前に臨《のぞ》んで、御自身の内証（真の御境界）の何たるかを、深く一切衆生に信ぜしめんがための御振舞《おふるま》い、まさに発迹顕本の序分《じょぶん》の御説法と拝すべきである。

諫暁をおえられて、再び大聖人は馬上の人となられた。

龍の口の頸《くび》の座

やがて由比《ゆい》ケ浜《がはま》に出た。ここで大聖人は熊王丸《くまおうまる》という童子《どうじ》を四条金吾のもとに遣《つか》わし、事を告げさせた。純粋強盛《ごうじょう》の信心の人・四条金吾は驚愕《きょうがく》し、裸足《はだし》のまま兄弟とともに駆《か》けつけた。そして馬の轡《くつわ》にとりすがり、泣きながら竜の口までお供申し上げた。

大聖人は四条金吾に諄々《じゅんじゅん》と

「今夜頸《くび》切られへまかるなり。この数年《すねん》が間願いつる事これなり。此の娑婆《しゃば》世界にして雉《きじ》となりし時は鷹《たか》につかまれ、ねずみとなりし時はねこにくらわれき。或は妻《め》に、子に、敵《かたき》に身を失いし事大地《だいち》微塵《みじん》より多し。法華経の御ためには一度も失うことなし。されば日蓮貧道《ひんどう》の身と生れて父母の孝養心にたらず、国の恩を報ずべき力なし。今度頸《くび》を法華経に奉りて、其の功徳を父母に回向《えこう》せん。其のあまりは弟子檀那等に配当《はぶ》くべしと申せし事これなり」（下種本仏成道御書）と。

四条金吾はこのお言葉をどのような気持でお聞きしたか。ただただ、滂沱《ぼうだ》たる涙で顔も上げ得なかったであろう。そして〝もし大聖人の御頸《おんくび》刎《は》ねられれば、追腹《おいばら》かき切って御供《おんとも》せん〟と、この時堅く決意していたのであった。

いよいよ刑場・龍の口に着いた。暗闇《くらやみ》のなかに大勢の兵士が屯《たむろ》して騒いでいる。これを見て四条金吾は

「只今《ただいま》なり」と泣き出した。

大聖人は

竜の口付近より江の島を望む

「不覚《ふかく》のとのばらかな、これほどの悦《よろこ》びをば笑へかし。いかに約束をば違《たが》へらるるぞ」

と仰せられた。四条金吾は凡夫であり、弟子なるがゆえに泣いた。大聖人は御本仏なるがゆえにこれを悦び給うたのである。

やがて大聖人は頸《くび》の座に着き、静かに合掌《がっしょう》し給うた。時はまさに丑《うし》の刻《こく》（午前二時頃）。太刀《たち》取り越智《えち》の三郎は傍《かたわら》に立ち、大刀を振りかざした。

その時、大奇瑞《きずい》が起きた。

「江の島のかたより、月のごとく光《ひか》りたる物、まりのやうにて、辰巳《たつみ》のかたより戌亥《いぬい》のかたへ光《ひか》りわたる。十二日の夜のあけぐれ、人の面《おもて》もみへざりしが、物の光《ひか》り月夜《つきよ》のやうにて、人人の面《おもて》もみな見ゆ。太刀取《たちとり》目くらみ倒《たお》れ臥《ふ》し、兵共《つわものども》おぢ怖《おそ》れ、興《きょう》さめて一町計《ばか》りはせのき、或は馬よりをりてかしこまり、或は馬の上にてうずくまれるもあり」

突如《とつじょ》として巨大なる光り物が、江の島の方角から出現したのである。太刀取り越智《えち》の三郎は眼がくらみ、たちまちその場に倒れ伏した。周囲の兵士どもは恐怖のあまり一斉に逃げだし、ある者は馬から下りて坐りこみ、ある者は馬上にうずくまってしまった。

もう頸《くび》を切るどころではない。兵士どもは恐れおののき、一人として大聖人のそばに寄る者も無い。

ひとり砂浜に坐られた大聖人は厳然《げんぜん》と叫ばれた。

「いかにとのばら、かかる大禍《だいか》ある召人《めしうど》には遠のくぞ。近く打ちよれや、打ちよれや」と。

しかし誰ひとり近寄る者とてない。再び大聖人は高声《こうしょう》で告《つ》げられた。

「夜《よ》あけば、いかに、いかに。頸《くび》切るべくわ急ぎ切るべし。夜明けなば見苦《みぐる》しかりなん」

響くは凛《りん》々たる大聖人の御声のみ。返事をする者とてない。皆ひれ伏してしまったのである。

何たる厳粛《げんしゅく》、何たる不思議。かかる光景が人類史上に、果してあったであろうか。国家権力が一人の大聖人の御頸《おんくび》を切れず、その御威徳《ごいとく》の前にひれ伏してしまったのである。

龍の口法難の意義

竜の口の法難は、大聖人の一代御化導において、極めて重大な意義を持っている。それはこの大法難を機として、日蓮大聖人即久遠元初《くおんがんじょ》の自受用身《じじゅゆうじん》と開顕《かいけん》し給うたからである。

すなわち大聖人は建長五年四月二十八日、御自身の生命を妙法蓮華経の五字なりと知り給い、旭日《あさひ》に向って始めて南無妙法蓮華経と唱えられ、以後身命も惜しまず三大秘法を弘通あそばされた。而して御《おん》歳《とし》五十歳、竜の口の御頸《おんくび》の座《ざ》に臨《のぞ》み給う時、立宗以来の不惜身命《ふしゃくしんみょう》の御修行ついにここに成就し、大聖人の凡夫《ぼんぷ》の御身《おんみ》の当体が、そのまま久遠元初の自受用身と顕われ給うたのである。

このように凡夫の御身《おんみ》の迹《しゃく》（仮の姿）を払《はら》って、久遠元初の本《ほん》（真の姿）を顕わすことを、末法下種仏の「発迹顕本《ほっしゃくけんぽん》」という。ここに大聖人は自受用身《じじゅゆうじん》の成道《じょうどう》を遂《と》げ給い、末法下種の御本仏と顕われ給うたのである。

そしてこの事を、信ずる者にはもちろん、信じない謗法《ほうぼう》の輩《やから》にも、眼に焼きつく強烈な事実を以ってお示しになったのが、この龍の口の法難であった。

この発迹顕本については、大聖人は諸々の御書に仰せられている。

まず開目抄に

「日蓮といゐし者は、去年《こぞ》九月十二日、子丑《ねうし》の時に頸はねられぬ。此れは魂魄佐土《こんぱくさど》の国にいたりて、返年《かえるとし》の二月雪中《せっちゅう》にしるして有縁《うえん》の弟子へをくれば、をそろしくてをそろしからず、見ん人いかにをぢぬらむ」と。

この御文を一往表面的に拝見すれば、「頸はねられぬ」とは法華経・勧持品の「及加刀杖《ぎゅうかとうじょう》」に当り、「魂魄佐土《こんぱくさど》にいたる」とは同じく「数数見擯出《さくさくけんひんずい》」の経文に符合《ふごう》する。ゆえに大聖人が「我不愛身命《がふあいしんみょう》・但《たん》惜無上道《しゃくむじょうどう》」（我れ身命を愛せず、但《ただ》無上道を惜しむ）の法華経の行者、すなわち釈尊が法華経に予言した上行菩薩の再誕《さいたん》たることは誰人も疑い得ない。しかしこれは未だ附文《ふもん》の辺（文の表面上の意味）である。

もし深くこの御文を拝すれば、日寛上人は「蓮祖《れんそ》大聖《だいしょう》・名字《みょうじ》凡夫《ぼんぶ》の御身《おんみ》の当体《とうたい》、全くこれ久遠元初《くおんがんじょ》の自受用身《じじゅゆうじん》と成《な》り給ひ、内証真身《ないしょうしんじん》の成道《じょうどう》を唱え、末法下種の本仏と顕われ給う明文なり」（開目抄愚記）と御指南されている。そのわけは、頸《くび》を刎《は》ねられ給う時刻が、まさに三世諸仏の成道の刻《こく》たる丑寅《うしとら》の時に当っているゆえである。

御文に「子丑《ねうし》の時」とあるのは、子《ね》の刻（午前零時頃）は処刑のため鎌倉を引き出された時刻であり、丑《うし》の刻（午前二時頃）はまさに頸の座に臨《のぞ》まれた時刻である。すなわち「子丑」とは法難の始めと終りを挙げてかく仰せられたのである。

そして丑寅《うしとら》の時とは、陰《いん》の終り・陽《よう》の始めで陰陽の中間《ちゅうげん》。また死の終り・生《しょう》の始めで生死《しょうじ》の中間《ちゅうげん》。「三世の諸仏の成道は子丑《ねうし》の終り寅《とら》のきざみの成道《じょうどう》なり」（上野殿御返事）と。まさにこの時刻こそ、三世諸仏の成道の時なのである。ゆえに釈尊も二月八日、明星《みょうじょう》の出《い》ずる時、霍然《かくねん》として大悟《たいご》成道《じょうどう》されている。明星の出ずる時はすなわち寅《とら》の時である。

いま末法の御本仏の成道また然り。すなわち子《ね》丑《うし》の時は、大聖人の名字凡身の死の終り、ゆえに「頸はねられぬ」と云い、また寅《とら》の刻（午前四時頃）は久遠元初《くおんがんじょ》の自受用身《じじゅゆうじん》としての生《しょう》の始め、ゆえに「魂《こん》魄《ぱく》」と仰せられるのである。

まさに文永八年九月十二日の丑寅《うしとら》の時、大聖人は久遠元初の自受用身・末法下種の御本仏と開顕遊ばされたのである。

また四条金吾殿御消息には

「相州《そうしゅう》の竜《たつ》の口《くち》こそ日蓮が命を捨てたる処なれ、仏土におとるべしや。……娑婆《しゃば》世界の中には日本国、日本国の中には相模《さがみ》の国、相模の国の中には片瀬《かたせ》、片瀬の中には竜の口に日蓮が命をとどめをく事は、法華経の御故なれば寂光土《じゃっこうど》ともいうべきか」と。

寂光土《じゃっこうど》とは自受用土《じじゅゆうど》のことである。龍の口を自受用土と仰せられたのは、そこに坐《ざ》し給うた大聖人が自受用身と開顕あそばしたゆえである。すなわちこの御文は、所住《しょじゅう》の土《ど》に約して、大聖人即自受用身なることを示されたものである。

さらに義浄房御書《ぎじょうぼうごしょ》には

「寿量品の自我偈《じがげ》に云く、『一心欲見仏《いっしんよくけんぶつ》・不自惜身命《ふじしゃくしんみょう》』云云。日蓮が己心《こしん》の仏果を此の文に依って顕はすなり。其の故は寿量品の事《じ》の一念三千の三大秘法を成就《じょうじゅ》せる事此の経文なり、秘《ひ》すべし、秘すべし。

……無作《むさ》三身《さんじん》の仏果を成就せん事は、恐らくは天台・伝教にも越へ、龍樹《りゅうじゅ》・迦葉《かしょう》にも勝《すぐ》れたり」と。

「日蓮が己心《こしん》の仏果」あるいは「無作三身の仏果を成就」とは、久遠元初の自受用身の成道を指すものである。

「法界を自身と開く」

ここで自受用身について少し説明すれば、御義口伝《おんぎくでん》に

「法界を自身と開き、法界自受用身《ほうかいじじゅゆうじん》なれば自我偈《じがげ》に非《あら》ずと云う事なし。自受用身（ほしいままにうけもちいるみ）とは一念三千なり。伝教云く、一念三千即自受用身、自受用身とは尊形《そんぎょう》を出でたる仏と。出尊形仏《しゅっそんぎょうぶつ》とは無作《むさ》の三身《さんじん》と云う事なり。今日蓮等の類《たぐい》南無妙法蓮華経と唱え奉る者是れなり」と。

わかり易く云えば、自受用身とは、大宇宙即我が生命という大境界を証得された、凡夫身《ぼんぶしん》の仏様である。

我々の生命は本来大宇宙より生じたものであれば、微少《みしょう》の我が生命に、大宇宙のあらゆる存在は具わり、また我が一身一念は法界に遍満《へんまん》する。まさしく我が身は即法界、法界は即我が身である。

しかし智恵の浅い凡夫にはこの実感はない。宇宙法界と自分とは離れたもの、別のものと思い、我が生命の何たるかが分らない。よって生死に迷うのである。ここに、事実の上に法界を自身と開かれたのは、ただ大聖人御一人である。ゆえに亡国最大事御書《ぼうこくさいだいじごしょ》には

「所詮《しょせん》、万法《ばんぽう》は己心《こしん》に収《おさ》まりて一塵《いちじん》も欠けず、九山八海《くせんはっかい》も我が身に備《そな》わりて、日月《にちがつ》・衆星《しゅうせい》も己《こ》心にあり。然りといへども、盲目《もうもく》の者の鏡に影を浮べるに見えず、嬰児《みどりご》の水火《すいか》を怖《おそ》れざるが如し」と。

大宇宙のすべての存在は我が身に具わり、太陽・月・星も己心《こしん》にありと仰せられる。まさに法界を自身と開かれた御本仏の大境涯である。

さらに観心本尊抄《かんじんのほんぞんしょう》には

「夫れ一心に十法界《じゅっぽうかい》を具す」また「故に成道《じょうどう》の時、此の本理《ほんり》に称《かの》うて一身一念法界に遍《あまね》し」と。

この御本仏の大境涯を、目のあたりに、事実において見せて下さったのが、龍の口の御振舞いであった。

そして大聖人はこのお覚《さと》りの全体を、一幅の御本尊に顕わして末代凡夫に授与し給うた。よって我々凡夫は何の智恵はなくとも、ただこの御本尊を信じ、南無妙法蓮華経と唱えれば、自然と御本尊の仏力・法力により即身成仏の仏果を遂げさせて頂けるのである。

竜の口の光り物について

さて、龍の口における「光り物」とは何か。ある者は隕石《いんせき》といい、大火球《だいかきゅう》といい、あるいは雷電《らいでん》などと説明するが、決してそのような偶然に起きた天然現象ではない。

これは、起こるべくして起きた諸天善神の働きである。この大宇宙には仏法を守護する諸天善神の生命活動が厳として存在している。梵天《ぼんてん》・帝釈《たいしゃく》・日月・衆星等は諸天、天照太神《てんしょうだいじん》・八幡大菩薩等は善神である。

これらの諸天善神は、末法に御本仏出現すれば必ず守護することを、堅く釈尊に誓っている。

ここに処刑《しょけい》の直前、馬を止めてわざわざ大聖人が八幡を叱咤《しった》せられた意味が浮び上ってこよう。大聖人は諸天善神の怠慢《たいまん》を、御本仏なるがゆえに強く責められたのである。その諫暁を聞き、響《ひびき》の声に応ずるごとく諸天は御守護申し上げた。以って大聖人の御内証の何たるか、深く拝することができよう。

「光り物」について四条金吾殿御消息に

「三光天子《さんこうてんじ》の中に、月天子《がってんじ》は光物《ひかりもの》とあらはれ竜の口の頸《くび》をたすけ、明星天子《みょうじょうてんじ》は四五日已前に下りて日蓮に見参《げんざん》し給ふ。いま日天子《にってんじ》ばかりのこり給ふ。定《さだ》めて守護あるべきかと、たのもし、たのもし。法師《ほっし》品《ぼん》に云く『則《すなわ》ち変化《へんげ》の人《ひと》を遣《つか》わして、之《これ》が為《ため》に衛護《えいご》を作《な》さん』疑ひあるべからず。安楽行品《あんらくぎょうほん》に云く『刀《とう》杖不加《じょうふか》』。普門品《ふもんぼん》に云く『刀尋段段壊《とうじんだんだんね》』。此等の経文よも虚事《そらごと》にては候はじ」

また御義口伝《おんぎくでん》には

「変化《へんげ》の人《ひと》とは竜の口守護の八幡大菩薩なり」と。

これらの御文を拝するに、「光り物」は諸天善神の大聖人を守護せんとの「変化《へんげ》」の働きたること疑いない。

所詮、末法下種の御本仏が発迹顕本《ほっしゃくけんぽん》せられるところ、凡夫の思議《しぎ》を絶《ぜっ》する大奇瑞《だいきずい》が起き、信順の者にはいよいよ信を増さしめ、逆謗《ぎゃくぼう》の者には改悔《かいげ》せしむるの大力用《だいりきゆう》あるものと、深く拝すべきである。

依智の奇瑞

十三日の朝が来た。虚脱《きょだつ》状態になっていた幕府の役人は、ようやく大聖人を相模《さがみ》の依智《えち》に送ることに決めた。

兵士どもは道不案内《みちふあんない》であったが、迷いながらも午《うま》の刻《こく》（正午）には依智《えち》の本間六郎左衛門《ほんまろくろうざえもん》の邸《やしき》に着いた。

大聖人は酒をとり寄せて、兵士たちをねぎらわれた。彼らは昨夜の大奇瑞《だいきずい》を眼前にして、すでに大聖人に完全に心服していた。一同はやがて〝鎌倉に帰る〟とて、大聖人の前に来て頭をうなだれ、手を突いて云った。

〝このほどは、いかなる御方とも存ぜず、我らが信ずる阿弥陀仏《あみだぶつ》をそしる人と聞いていたのでただ憎んでおりましたが、まのあたりに昨夜の事など拝見すれば、あまりの尊さに、今まで唱えていた念仏も、捨てることにいたしました〟

といって、火打ち袋・珠数《じゅず》を取り出し捨てる者もあれば、また〝念仏は二度と唱えない〟と誓状を書いて大聖人に差し出す者もあった。

この日午後八時頃、鎌倉より使者が来た。警護の兵士たちは、再び首を切れとの命令かと、内心おびえたが、内容は

「此の人は失《とが》なき人なり、今しばらくありてゆるさせ給うべし、あやまちしては後悔あるべし」（下種本仏成道御書）

というものであった。昨夜鎌倉の御所《ごしょ》にも種々の怪異《けい》があり、北条時宗は大聖人のただ人《びと》ならざることを感じたのである。だが、平左衛門を始め幕府の重臣が、まだ大聖人の御生命を狙《ねら》っていることに変わりはなかった。

さて、その夜は九月十三夜である。皓々《こうこう》たる満月は天空に輝いている。兵士どもは数十人ほど、邸の庭にたむろしていた。

やおら大聖人は大庭に立たれ、月に向って自我偈《じがげ》を読み、諸宗の勝劣、法華経の要文を申されたのち「抑《そもそも》今の月天《がってん》は法華経の御座《おんざ》に列《つらな》りまします名月天子《みょうがってんじ》ぞかし。宝塔品《ほうとうぼん》にして仏勅《ぶっちょく》をうけ給い、嘱累品《ぞくるいぼん》にして仏に頂《いただき》をなでられまいらせ、『世尊《せそん》の勅《みことのり》の如く当《まさ》に具《つぶさ》に奉行《ぶぎょう》すべし』と誓状をたてし天《てん》ぞかし。仏前の誓は日蓮なくば虚《むなし》くてこそをはすべけれ。今かかる事出来《しゅったい》せば、いそぎ悦《よろこ》びをなして法華経の行者にもかはり、仏勅をも果して誓言《せいごん》のしるしをばとげさせ給うべし。いかに今しるしのなきは不思議に

候ものかな。何《いか》なる事も国になくしては鎌倉へもかへらんとも思はず。しるしこそなくとも、うれし顔《がお》にて澄《すみ》渡らせ給うはいかに。大集経《だいしっきょう》には『日月明《にちがつめい》を現《げん》ぜず』と説《と》かれ、仁王経には『日月度《にちがつど》を失う』とかかれ、最勝王経《さいしょうおうきょう》には『三十三天《さんじゅうさんてん》各《おのおの》瞋恨《しんこん》を生《しょう》ず』とこそ見え侍《はべ》るに、いかに月天《がってん》、いかに月天」（下種本仏成道御書）

と責められた。その時、不可思議なことがまたも起きた。

「其のしるしにや、天《そら》より明星《みょうじょう》の如くなる大星《おおぼし》下《くだ》りて前の梅の木の枝にかかりてありしかば、もののふども皆縁よりとびをり、或は大庭にひれふし、或は家のうしろへ逃げぬ。やがて即ち天《そら》かきくもりて大風吹き来りて、江の島のなるとて空のひびく事、大なる鼓《つづみ》を打つがごとし」（同抄）と。

これが依智《えち》の星下《ほしくだ》りの奇瑞《きずい》である。昨夜の龍の口では月天子《がってんじ》が、いま依智では明星天子《みょうじょうてんじ》が、それぞれ眷族《けんぞく》・変化《へんげ》を遣《つか》わして大聖人を衛護申し上げたのである。

法華経に説かれる

「諸天、昼夜《ちゅうや》に常に法の為《ため》の故《ゆえ》に、而《しか》も之《これ》を衛護《えいご》す」（安楽行品）

「則《すなわ》ち変化《へんげ》の人《ひと》を遣《つか》わして、之《これ》が為に衛護《えいご》を作《な》さん」（法師品）

「天の諸《もろもろ》の童子《どうじ》、以って給仕を為《な》さん。刀杖《とうじょう》も加えず、毒も害すること能《あた》わじ」（安楽行品）

等のことは、単なる形容でも絵空事《えそらごと》でもなかった。末法に御本仏出現された時、始めてこの経文は事実となったのである。

第十章　佐渡流罪

門下への弾圧

大聖人依智《えち》に滞在《たいざい》されること二十余日。その間幕府は、大聖人の処遇《しょぐう》について再三協議を重ねた。良観はじめ念仏者は、大聖人の一門を潰滅《かいめつ》するのはこの時とばかり、鎌倉内に放火、あるいは殺人事件を頻々《ひんぴん》と引き起こし、これらを〝日蓮房《ぼう》の弟子の仕業《しわざ》〟と讒言《ざんげん》した。

幕府の役人は「さもあるらん」とこれを信じ、〝日蓮房の弟子を鎌倉に置いてはいけない〟と、検挙にそなえて二百六十余人の名を挙げ、あるいはすでに土牢《つちろう》に入れてある日朗等数名の弟子の〝頸《くび》を切るべし〟などと、評議を交《かわ》した。

このようすを下種本仏成道御書には

「依智にして二十余日。其の間鎌倉に或は火をつくる事七・八度、或は人を殺す事ひまなし。讒言《ざんげん》の者共の云く、日蓮が弟子共の火をつくるなりと。さもあるらんとて、日蓮が弟子等を鎌倉に置くべからずとて二百六十余人しるさる、皆遠島《おんとう》へ遣《つかわ》すべし、牢《ろう》にある弟子共をば頸《くび》をはねらるべしと聞ふ。さる程に、火をつくる者は持斉《じさい》・念仏者が計事《はかりごと》なり」と。

この弾圧は一門に潰滅的打撃《かいめつてきだげき》を与えた。頼みとする大聖人はいつ殺されるかもわからない。そのうえ法難は我が身に及び、追放《ついほう》・斬首《ざんしゅ》などと威《おど》される。あまりの恐しさに退転者が続出したのである。

「かまくらにも御勘気《ごかんき》の時、千が九百九十九人は堕《お》ちて候……」（新尼御前御返事）と。

千人のうち、九百九十九人が退転したとある。そして、自分が退転するだけではない。名越《なごえ》の尼《あま》などはかえって大聖人を批判し、多くの同志を退転の道づれにしたのである。佐渡御書《さどごしょ》に云く

「日蓮を信ずるやうなりし者どもが、日蓮がかくなれば疑《うたがい》ををこして法華経を捨つるのみならず、かへりて日蓮を教訓して我賢《われかしこ》しと思はん僻人《びゃくにん》等が、念仏者よりも久しく阿鼻地獄《あびじごく》にあらん事、不便《ふびん》とも申す計《ばかり》なし。……日蓮御房《ごぼう》は師匠にてはおはせども余りに剛《こわ》し、我等は柔《やわらか》に法華経を弘むべしと云わんは、螢火《ほたるび》が日月をわらひ、蟻塚《ありづか》が華山《かざん》を下し、井江《せいこう》が河海《かかい》をあなづり、烏鵲《かささぎ》が鸞鳳《らんほう》をわらふなるべし」と。

謗法の悪王・悪比丘《びく》を諫暁すれば、必ず大難が来る。しかしこの大難に退転せず信心を貫く者は必ず仏果を得る。ゆえに大聖人は兼《か》ねて十一通申状の時、門下一同に御状を下され

「各々《おのおの》用心有るべし。少しも妻子眷属《さいしけんぞく》を憶《おも》うこと莫《なか》れ、権威《けんい》を恐るること莫《なか》れ。今度生死の縛《ばく》を切っ

て仏果を遂《と》げしめ給へ」

と、不退の決定《けつじょう》を促《うなが》し給うたのである。しかし

「つたなき者のならひは、約束せし事をまことの時はわするるなるべし」（開目抄）

信心のいのちに染らざる者は、頭でわかったつもりでも、ことが現実となれば肝を消して信心を破るのである。だがこの大難の中、四条金吾等の信心決定の弟子は、少しもひるむことなく、ますます不惜身命の決意を堅めたのであった。

門下を激励

やがて、大聖人は佐渡へ流罪されることに決められた。去る九月十三日には、許されそうな気配であったが、結局、良観の讒言《ざんげん》が効《こう》を奏《そう》し、平左衛門らがこれを決定したのである。遠流《おんる》と決った大聖人の心にかかることは、未だ土牢《つちろう》に居る日朗等弟子の身の上であった。佐渡へ出発の前日、大聖人は日朗にあてて御消息を遣《つか》わされた。

「日蓮は明日佐渡の国へまかるなり。今夜《こよい》のさむきに付けても、牢《ろう》のうちのありさま思ひやられて、痛《いた》はしくこそ候へ。あはれ殿は法華経一部を色心《しきしん》二法《にほう》共にあそばしたる御身なれば、父母・六親《ろくしん》・一切衆生をもたすけ給うべき御身なり。……籠《ろう》をばし出《い》でさせ給ひ候はば、とくとく来たり給へ。見たてまつり、見えたてまつらん」（土籠御書）

御自身のこれから先に値《あ》われるであろう大苦も顧《かえり》みず、ひたすら弟子の身を案じ給う御心の内を拝すれば、思わず涙がこぼれる。

さらに大聖人は下総《しもふさ》方面の信徒たちの信心も心配され、転重軽受《てんじゅうきょうじゅ》の御指南を下されている。

「涅槃経《ねはんぎょう》に転重軽受《てんじゅうきょうじゅ》と申す法門あり。先業《せんごう》の重き、今生《こんじょう》に尽《つ》きずして未来に地獄の苦を受くべきが、今生にかかる重苦《じゅうく》に値い候へば、地獄の苦《くるし》みぱっと消へて、死に候へば人《にん》・天《でん》・三乗《さんじょう》・一乗《いちじょう》の益《やく》を得る事の候」と。

いまこの大難に値うことにより、過去の罪障を消滅し、成仏することが出来るのであると、転重軽受の御法門を以て、信心をお励《はげ》まし下されている。

極寒の佐渡へ

文永八年十月十日、大聖人は依智《えち》を立ち、同二十一日越後《えちご》の寺泊《てらどまり》に着き、それより舟で日本海を渡り、同月二十八日佐渡の松《まつ》ヶ崎《がざき》に着岸、十一月一日配所《はいしょ》の塚原三昧堂《つかわらさんまいどう》に入られた。

鎌倉時代の気象は寒冷期に当っている。当時の記録には、琵琶湖《びわこ》が凍《こお》り軍馬が渡ったことが記されている。まして北海の孤島《ことう》・佐渡の厳しき寒さは想像を絶しよう。

佐渡に着かれた大聖人は、鎌倉と全く異なる佐渡の気候と荒々しい人情を驚かれ、富木入道殿御返事《ときにゅうどうどのごへんじ》

に
「此比《このころ》は十一月の下旬なれば、相州《そうしゅう》鎌倉に候ひし時の思いには、四節《しせつ》の転変《てんぺん》は万国皆同じかるべしと存じ候いし処《ところ》に、此の北国佐渡の国に下り著《つ》き候いて後二月《ふたつき》は、寒風《かんぷう》頻《しきり》に吹いて、霜雪《そうせつ》更に降《ふ》らざる時はあれども日の光をば見ることなし。八寒《はっかん》を現身《げんしん》に感ず。人の心は禽獣《きんじゅう》に同じく、主師親《しゅししん》を知らず、何《いか》に況や仏法の邪正・師の善悪は思ひもよらざるをや」
と仰せられている。

塚原三昧堂

さて、配所と決められた塚原の三昧堂《さんまいどう》の状況であるが、その荒廃《こうはい》ぶりはとうてい人の住居などというものではない。それは、死人を捨てる所に立てられた、たった一間四面《いっけんしめん》のあばら屋《や》であった。

下種本仏成道御書には

「塚原と申す山野の中に、洛陽《らくよう》の蓮台野《れんだいの》のやうに死人を捨つる所に、一間四面《いっけんしめん》なる堂の、仏もなし、上は板間《いたま》あはず、四壁《しへき》はあばらに、雪ふりつもりて消ゆる事なし。かかる所に敷皮《しきがわ》打ちしき、蓑《みの》うちき

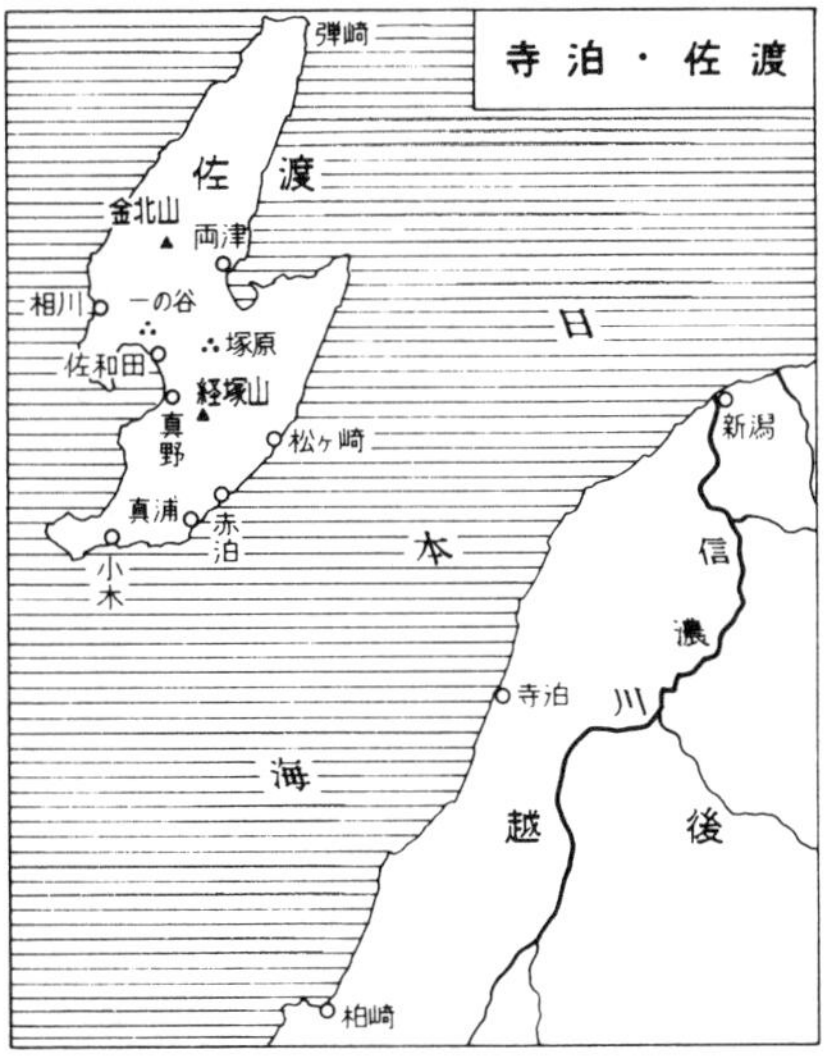

佐渡・松ヶ崎の海岸

て、夜をあかし日をくらす。夜は雪・雹《あられ》・雷電《いなずま》ひまなし。昼《ひる》は日の光もささせ給はず、心細《こころぼそ》かるべきすまゐなり」

堂とは名のみ、屋根も壁もすき間だらけ、風は吹き通し、雪は堂内につもるという凄《すさま》じさである。恐らく当時の佐渡の気温は零《れい》下《か》二十度をこえたと思われる。まさに骨まで凍る極寒とはこれである。

その中で、四六時中蓑《みの》を着て寒《かん》を防《ふせ》ぎ給う大聖人、その忍難《にんなん》慈勝《じしょう》の御尊容《ごそんよう》を偲《しの》び奉れば、ただ低《てい》頭《とう》合掌《がっしょう》のほかはない。

大聖人の御身を嘖《さいな》むものは寒さだけではなかった。敵意に満ちた流罪の地であれば、食糧とて与えられなかった。ゆえに法蓮抄《ほうれんしょう》には「現身《げんしん》に餓鬼道《がきどう》を経《へ》、寒地獄《かんじごく》に堕《お》ちぬ」と仰せられている。

この危機に臨み、大聖人のおそばを離れず、身を捨てて常随給仕《じょうずいきゅうじ》されたのが当時二十六歳の日興上人であられた。若き上人は大聖人御守護の一念に燃え、雪を掘って草の根を探し、わずかの食糧を求めては大聖人に献《けん》ぜられたのであった。

大法悦

しかし、この飢えと寒さと暗殺の危険も、大聖人の法悦《ほうえつ》を妨げることはできなかった。

「あらうれしや、檀王《だんのう》は阿私《あし》仙人にせめられて法華経の功徳を得給いき。不軽菩薩《ふきょうぼさつ》は上慢《じょうまん》の比丘《びく》等の杖《つえ》にあたりて一乗の行者といはれ給ふ。今日蓮は末法に生れて妙法蓮華経の五字を弘めてかかる責《せ》めにあへり。仏滅度後二千二百余年が間、恐らくは天台智者大師も一切世間多怨難信《いっさいせけんたおんなんしん》の経文をば行じ給はず、数数見擯出《さくさくけんひんずい》の明文は但《ただ》日蓮一人なり、一句一偈我皆与授記《いっくいちげがかいよじゅき》は我なり、阿耨多羅三藐三菩提《あのくたらさんみゃくさんぼだい》は疑いなし。……日蓮が仏にならん第一のかたうどは景信《かげのぶ》、法師《ほっし》には良観・道隆《どうりゅう》・道阿弥陀仏《どうあみだぶつ》、平左衛門尉《へいのさえもんのじょう》・守殿《こうどの》ましまさずんば、争《いかで》か法華経の行者とはなるべきと悦ぶ」（下種本仏成道御書）と。

また最蓮房御返事《さいれんぼうごへんじ》には

「我等は流人《るにん》なれども身心共にうれしく候なり。大事の法門をば昼夜《ちゅうや》に沙汰《さた》し、成仏の理《ことわり》をば時々《じじ》刻々《こく》にあぢはう。……劫初《こうしょ》より以来、父母・主君等の御勘気《ごかんき》を蒙《こうむ》り遠国《おんごく》の島に流罪《るざい》せらるるの人、我等が如《ごと》く悦《よろこ》び身に余りたる者よもあらじ」と。

まことに流人の身として、このような大歓喜・法悦を味っておられるのは、人類史上、大聖人ただ御一人に違いない。身辺危険《しんぺんきけん》そして骨まで凍る極寒の中で、「大事の法門をば昼夜《ちゅうや》に沙汰《さた》し、成仏の理《ことわり》をば時々刻々《じじこくこく》にあぢはう」とは、何たる言語を絶する大境界であろうか。誰人も壊《こわ》すことの出来ない絶対幸福、御本仏の大境界とは、このようなものと拝し奉るのみである。

阿仏房の入信

さて、良観は佐渡の持斉《じさい》（律宗）・念仏者等にも連絡を取り、大聖人の隙《すき》を窺《うかが》わせた。念仏者等は、大聖人が間もなく飢えと寒さで倒れるであろうことを信じて疑わなかった。だが二日たち、三日たち、七日たっても大聖人の朗々たる唱題の声は三昧堂から消えない。

そこで彼らは一計を案じた。文武に秀で、しかも熱心な念仏信者である阿《あ》仏房《ぶつぼう》という武士をそそのかし、大聖人を討たせようとしたのである。

さっそく阿仏房は、大刀をひっさげ三昧堂を訪《おとず》れた。しかし、聞くと見るとは大きな違いであった。大聖人を「阿弥陀仏《あみだぶつ》の敵・悪僧」とばかり思いこんでいた阿仏房は、大聖人の御尊容に接し、そして諄々《じゅんじゅん》たる慈折《じしゃく》を聞くうちに、敵意はいつしか畏敬《いけい》に、憎悪《ぞうお》は帰依《きえ》に変ってしまった。

これより、阿仏房《あぶつぼう》・千日尼《せんにちあま》夫妻の献身的な外護《げご》が始まった。夫妻は夜中ひそかに櫃《ひつ》を負って三昧堂を訪れ、大聖人を養いまいらせたのである。この赤誠に対し、大聖人は千日尼御前御返事に

「地頭・地頭等、念仏者・念仏者等、日蓮が庵室《あんしつ》に昼夜《ちゅうや》に立ちそいて、通う人あるをまどわさんとせめしに、阿仏房に櫃《ひつ》をしをわせ、夜中に度々御わたりありし事、いつの世にか忘らむ。只悲母《ひも》の佐渡の国に生れかわりて有るか」と深く感謝あそばされている。

塚原問答

翌文永九年の正月を迎えた。佐渡の持斉《じさい》（律宗）・念仏僧らは、いよいよ大聖人を害しようと行動を開始した。

唯阿弥陀仏《ゆいあみだぶつ》・生喩房《しょうゆぼう》・印性房《いんしょうぼう》等の悪僧は寄り合って謀議《ぼうぎ》をこらした。その中で、ある者は

〝音に聞えた阿弥陀仏の敵がこの国に流されてきた。この国に流された者で命《いのち》を永らえた者はない、よし生き延びたとしても帰れない、また殺しても咎《とが》めを受けることはない。いま日蓮房は塚原にただ一人でいる、どれほど力が強くとも、大勢で射殺せばよい〟と云った。

またある者は

〝いずれ頸《くび》を切られることになっているが、守殿《こうどの》（北条時宗）の夫人が御懐妊であるから猶予《ゆうよ》されているだけだ〟とも云った。

またある者は

〝六郎左衛門尉に申し出て斬ってもらおう。もし斬らなければ、その時は我々でやろう〟と云った。

結局、議はこれに一決し、面々打ち揃って守護代《しゅごだい》・本間六郎左衛門尉《じょう》のところへ押しかけた。一同の訴えを聞いた六郎左衛門尉は

〝上より殺してはならないと副状《そえじょう》が下りている。決して蔑《あなず》るべき流人ではない。もし過《あやま》ちが起きたら自分の過失となる。それより法門で攻めたらどうか〟と答えた。

かくて法論が始まった。正月十六日、塚原三昧堂の前の広場・山野には、佐渡中の僧侶、それに加えて北陸・東北地方の諸宗の僧までが応援にかけつけ、なんと数百人が集った。

彼らは始めから興奮し、口々に罵《ののし》り、その騒がしきこと震動《しんどう》・雷電《らいでん》のごとくであった。大聖人はしばらく騒がせておいてのち、大音声で

「各各《おのおの》しづまらせ給へ、法門の御為《おんため》にこそ御渡《おわた》りあるらめ、悪口《あっく》等よしなし」(下種本仏成道御書)

と強くたしなめられた。六郎左衛門等も〝その通り〟と頷《うなず》き、悪口だけを事としていた念仏僧らの首根っこをおさえて突き出した。

やっと静まり問答は開始された。諸宗の者は次々と大聖人を難詰《なんきつ》した。だが、大聖人は彼らの云う所

佐渡・塚原の付近

を一々に確認した上で、一言・二言でその急所を破折された。その鋭きこと、強烈なること、あたかも〃利剣《りけん》を以って瓜《うり》を切る〃がごとくであった。悪僧どもは忽《たちま》ちに口を閉《と》じ、顔色を失った。

そのさまは下種本仏成道御書に次のごとく活写されている。

「さて、止観《しかん》・真言・念仏の法門一々にかれが申す様をでっしあげて、承伏《しょうぶく》せさせてはちゃうとは詰《つ》めつめ、一言《いちごん》二言《にごん》にはすぎず。鎌倉の真言師・禅宗・念仏者・天台の者よりもはかなきものどもなれば、只思ひやらせ給へ。利剣《りけん》をもて瓜《うり》をきり、大風の草をなびかすが如し。仏法のおろかなるのみならず、或は自語相違《じごそうい》し、或は経文をわすれて論と云ひ、釈《しゃく》をわすれて論と云ふ。善導《ぜんどう》が柳より落ち、弘法大師《こうぼうだいし》の三鈷《さんこ》を投げたる、大日如来と現じたる等をば、或は妄語《もうご》、或は物にくるへる処を一々にせめたるに、或は悪口《あっく》し、或は口を閉《と》ぢ、或は色を失ひ、或は念仏ひが事なりけりと云うものもあり、或は当座に袈《け》裟《さ》・平念珠《ひらじゅず》をすてて念仏申すまじきよし誓状《せいじょう》を立つる者もあり」と。

これは一対一の法論ではない、たとえ田舎法師とはいえ敵意に満ちた数百人が相手である。しかるにその大衆を閉口頓首《へいこうとんしゅ》させ、誓状を書く者まで出さしむるとは、大聖人の威力のほど察するに余りある。

自界叛逆難の適中

かくて塚原の問答は終わり、人々は三々・五々と立ち去った。同じく帰らんとする六郎左衛門を大聖人は呼び返し

〝いつ鎌倉に登られるのか〟と尋ねられた。

六郎左衛門は

〝下人《げにん》どもに農《のう》させて、七月ごろ〟と答えた。

すると大聖人は

〝弓矢とる身は、主君の大事に馳《は》せ参じて所領を給わることこそ本懐ではないか。それが田畠を作るとはいえ、いま鎌倉で軍《いくさ》が始ろうとしているのに、急ぎ上って功名《こうみょう》をも立て所領を給わらぬのか。貴殿は相模《さがみ》の国では名のある侍ではないか。その武士が田舎で田など作り、大事の軍《いくさ》に外《はず》れたら恥となろう〟と仰せられた。これを聞いた六郎左衛門は、どう思ったのか、あわてて物も云わず、またこれを聞いていた念仏者どもも〝何のことなのか〟と、いかにも怪訝《けげん》な顔つきであった。

だが、翌月十八日、鎌倉から早船が来て、鎌倉・京に軍《いくさ》が勃発《ぼっぱつ》したことを伝えた。

六郎左衛門は一門を引きつれ、あわてて鎌倉に登らんとしたが、その前に大聖人のもとへ来て、掌《たなごころ》を合わせて

「たすけさせ給へ、去る正月十六日の御言《おんことば》いかにやと此程《このほど》疑い申しつるに、いくほどなく三十日が内にあひ候いぬ。又蒙古国も一定《いちじょう》渡り候いなん。念仏無間《むげん》地獄《じごく》も一定にてぞ候はんずらん。永く念仏申し

候まじ」（下種本仏成道御書）

と、大聖人に帰依し奉る心情を吐露した。

しかし大聖人は

「いかに云うとも、相模守殿《さがみのこう》等の用ひ給はざらんには、日本国の人用うまじ。用ゐずば国必ず亡ぶべし。……法華経の行者をば、梵釈《ぼんしゃく》左右に侍《はんべ》り、日月前後を照し給ふ。かかる日蓮を用いぬるとも、悪《あ》しく敬《うや》まはば国亡ぶべし。何に況や数百人ににくませ、二度まで流しぬ。此の国の亡びん事疑いなかるべけれども、且《しばら》く禁《とどめ》をなして国をたすけ給へと日蓮がひかうればこそ、今までは安穏にありつれども、法に過ぐれば罰あたりぬるなり。又此の度も用ひずば、大蒙古国より打手《うって》を向けて日本国ほろぼさるべし。ただ平左衛門尉が好むわざわひなり。和殿原《わとのばら》とても、此の島とても、安穏なるまじきなり」（同抄）

と云い切られた。

鎌倉・京の内乱とは世にいう「二月騒動」で、執権・時宗の兄・時輔《ときすけ》が、弟が執権職となったのを不満として起した権力争いである。自界も自界、実の兄の叛乱であった。

遠くは立正安国論において、近くは文永八年九月十二日・平左衛門に強《したた》かに告げられた自界叛逆難《じかいほんぎゃくのなん》は、ここに適中したのであった。まさに御予言の通り、大聖人を遠流《おんる》してから百日の内であった。

これを見れば、他国侵逼《たこくしんぴつ》の難も、未来の阿鼻地獄《あびじごく》も信ぜずにはいられないであろう。本間六郎左衛門の帰依もこれより起きたのである。幕府も大いに驚き、執権・時宗はさっそく牢内に投じていた日朗等五人を赦《ゆる》した。

最蓮房の入信

塚原問答の噂は佐渡中にたちまち広まった。二月、最蓮房《さいれんぼう》と名乗る一僧侶が三昧堂を訪れた。最蓮房は学識勝れ、道念堅固な天台宗の学僧である。理由は不明であるが、やはりこの佐渡に流されていたのであった。

最蓮房は大聖人に謁《えつ》するや、たちまちにその学徳に打たれ、敬慕《けいぼ》の情を生じ、天台の義を捨て弟子となった。大聖人はその宿縁のただならぬを感歎され、生死一大事血脈抄に

「過去の宿縁追い来《きた》って、今度日蓮が弟子と成り給うか。釈迦・多宝こそ御存知《ごぞんじ》候らめ。『在在諸仏《ざいざいしょぶつ》の土《と》に、常《つね》に師《し》と倶《とも》に生《しょう》ぜん』よも虚事《そらごと》候はじ」

と仰せられている。

重要御書の御述作

流罪《るざい》の地・佐渡において、大聖人は開目抄《かいもくしょう》・観心本尊抄《かんじんのほんぞんしょう》等、極めて重要な御書を著わされている。これらの御書には、佐渡流罪以前には未だ仰せられなかった三大秘法《さんだいひほう》が示されている。

この事は三沢抄《みさわしょう》に

「法門の事は、佐渡の国へながされ候いし已前《いぜん》の法門は、ただ仏の爾前《にぜん》の経とをぼしめせ。此の国の国主、我が代《よ》をもたもつべくば、真言師等にも召し合せ給はんずらむ、爾《そ》の時まことの大事をば申すべし、弟子等にも内内《ないない》申すならば披露《ひろう》して彼等知りなんず、さらばよも合わじと思いて各各《おのおの》にも申さざりしなり。而るに去《い》ぬる文永八年九月十二日の夜、たつの口にて頸《くび》をはねられんとせし時よりのち、ふびんなり、我につきたりし者どもにまことの事をいわざりけると思うて、佐渡の国より弟子どもに内内《ないない》申す法門あり」と。

佐渡以前の法門は釈尊の爾前経《にぜんきょう》と同じで、未だ真実の法門を述べてない、と仰せられる。それでは大聖人の御本懐《ごほんかい》たる真実の法門とは何か。すなわち三大秘法である。

龍の口の発迹顕本《ほっしゃくけんぽん》を境《きかい》として、大聖人は、外用《げゆう》は釈尊より三大秘法の付嘱《ふぞく》を受けた上行菩薩として、そして内証においては久遠元初の自受用身《じじゅゆうしん》・末法下種の御本仏として、いよいよ正像未弘《しょうぞうみぐ》の三大秘法を仰せ出されるのである。流罪の地・佐渡はこの意味においてまことに重要である。

まず佐渡に着かれるや、直ちに富木常忍《ときじょうにん》に御消息を送られているが、すでにその中に

「仏滅後二千二百余年に、月氏《がっし》・漢土《かんど》・日本・一閻浮提《いちえんぶだい》の内に、天親《てんじん》・龍樹《りゅうじゅ》・内鑑冷然《ないかんれいねん》外適時宜《げちゃくじぎ》云云、天台・伝教は粗釈《ほぼしゃく》し給へども之《これ》を弘め残せる一大事《いちだいじ》の秘法を、此国に初めて之を弘む。日蓮豈《あに》其の人に

非ずや。……但《ただし》此の大法弘まり給うならば、爾《に》前《ぜん》迹門《しゃくもん》の経教《きょうぎょう》は一分も益《やく》なかるべし。伝教大師云く、日出《いで》て星隠《かく》る云云」（富木入道殿御返事）と。

「一大事の秘法」とは、三大秘法総在《そうざい》の「本門の本尊」の事である。いま末法の始めにこれを始めて弘むる人は誰か、「日蓮豈《あに》其の人に非《あら》ずや」と。そしてその不惜身命の御決意を末文に

「命限り有り、惜む可からず。遂《つい》に願う可《べ》きは仏国《ぶっこく》なり」

と仰せられている。

三大秘法の開合の相

ここで、三大秘法の開合《かいごう》の相《そう》について述べておきたい。

三大秘法とは「本門の本尊」と、「本門の題目」と、「本門の戒壇」である。

この三つの関係を説明すれば、「本門の本尊」を信じて南無妙法蓮華経と唱える修行を「本門の題目」といい、また「本門の本尊」のおわします所が「本門の戒壇」である。ゆえに三大秘法は、合《がっ》すれば「本門の本尊」の一大秘法となる。

またこの三大秘法を開けば、「本門の本尊」に人《にん》と法《ほう》があり、「本門の題目」に信《しん》と行《ぎょう》があり、「本門の戒壇」に事《じ》と義《ぎ》がある。ちなみに、事《じ》の戒壇とは広宣流布の暁の国立戒壇であり、義《ぎ》の戒壇とは御本尊所住《しょじゅう》の処《ところ》である。

このように、三大秘法は開けば六義《ろくぎ》を成《じょう》じ、合《がっ》すればただ一大秘法の「本門の本尊」となる。ゆえに「本門戒壇の大御本尊」を、三大秘法総在《そうざい》の本尊と申し上げるのである。

さて、この三大秘法は大聖人の弘通の御本懐であるが、三大秘法のうち「本門の題目」は立宗の始めよりこれを唱え出《いだ》され一切大衆にもお勧《すす》め下された。しかし「本門の本尊」と「本門の戒壇」に至っては、佐渡以前には未だ明かしておられない。

ここに佐渡に至って、まず「本門の本尊」の中には「人《にん》の本尊」、すなわち末法下種の主《しゅ》・師《し》・親《しん》とは誰人《だれびと》であるかを明かされたのが開目抄《かいもくしょう》である。そして「法《ほう》の本尊」を明かされたのが観心本尊抄《かんじんのほんぞんしょう》である。

開目抄の御述作

開目抄は佐渡に着かれた十一月より想《そう》を練《ね》られ、翌年二月筆を執《と》られた。御述作の直接の契機《けいき》は龍の口の巨難《きょなん》にある。この大難が弟子檀那の信仰をどれほど動揺させたことか。大聖人は死罪・流罪となり、しかも誹謗《ひぼう》の者には現罰《げんばち》が無い、諸天の守護も空《むな》しく思われる。ために信心薄き弟子檀那の中には疑《ぎ》心を生じ、〝大聖人は法華経の行者にあらず〟と思う者もあった。

ここにおいて大聖人の大慈悲止まず、まさしく大聖人こそ「法華経の行者」すなわち下種の主・師・親なることを確信せしめ、不惜身命の信心に住して仏果を遂《と》げさしめんと御述作されたのである。

まことに身辺危険、そのうえ極寒と飢えのなか、雪深き三昧堂《さんまいどう》で蓑《みの》を着て筆を執《と》られる御姿を偲《しの》び奉れば、合掌《がっしょう》せずにはいられない。

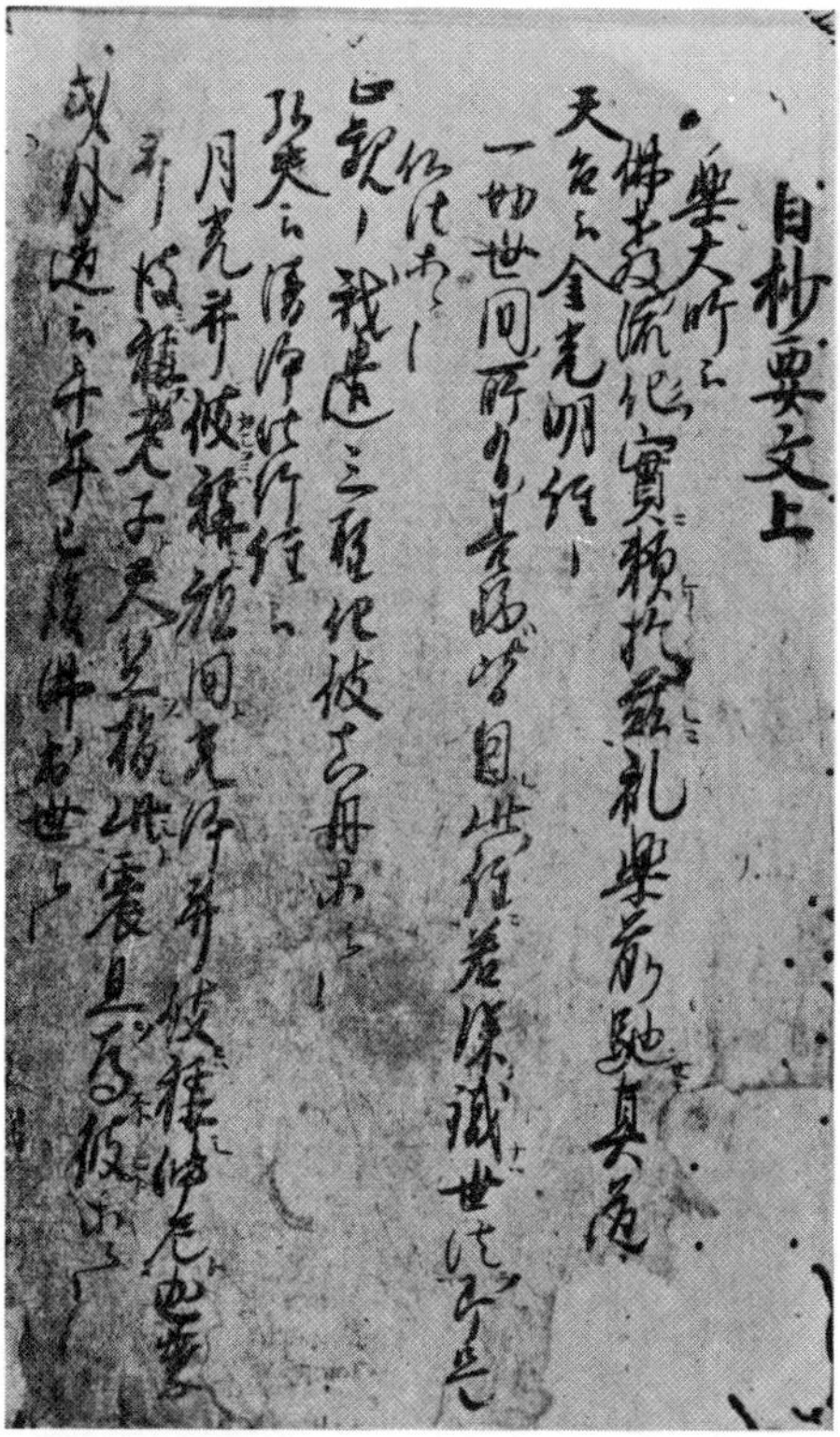

「開目抄」要文の日興上人写本

さて開目抄の大意は先に述べたように、末法下種の「人の本尊」を顕わすにある。よってまず冒頭《ぼうとう》に

「夫れ一切衆生の尊敬《そんきょう》すべき者三《みつ》あり、所謂《いわゆる》主師親これなり」と示され、

次に諄々《じゅんじゅん》と大聖人が「法華経の行者」なることを明かされ、その中で、謗法の者に現罰なく、諸天の守護もないとの疑いに対し懇切《こんせつ》なる会通《えつう》をされたのち、末法の一切衆生を救護し給う御本仏としての大《だい》誓願《せいがん》を、次のごとく述べられている。

「詮《せん》ずるところは天も捨て給え、諸難にもあえ、身命《しんみょう》を期《ご》とせん。身子《しんし》が六十劫《こう》の菩薩《ぼさつ》の行《ぎょう》を退《たい》せし、乞眼《こつげん》の婆羅門《ばらもん》の責《せめ》を堪《た》えざるゆへ。久遠《くおん》・大通《だいつう》の者の三《さん》・五《ご》の塵《じん》を経《ふ》る、悪知識《あくちしき》に値《あ》うゆへなり。善に付け悪につけ、法華経をすつるは地獄の業《ごう》なるべし。本《もと》と願《がん》を立つ。日本国の位《くらい》をゆづらむ、法華経をすてて観経《かんぎょう》等について後生《ごしょう》を期《ご》せよ、父母《ふも》の頸《くび》を刎《はね》ん念仏申さずば、なんどの種種《しゅじゅ》の大難出来《しゅったい》すとも、智者に我が義やぶられずば用いじとなり。其《そ》の外《ほか》の大難風の前の塵《ちり》なるべし。我れ日本の柱とならむ、我れ日本の眼目《げんもく》とならむ、我れ日本の大船《たいせん》とならむ等とちかいし願《がん》やぶるべからず」と。

まことに轟々《ごうごう》たる大瀑布《ばくふ》がすべての人を圧倒するがごとく、この三大誓願の御文を拝せば、ただただ御本仏の鉄石のごとき御決意と無限《むげん》の大慈悲に身震いをおぼえるのみである。

そして巻末に至り

「日蓮は日本国の諸人にしゅうし《主師親》父母なり」と結ばれ、まさしく大聖人こそ末法下種の主・師・親なることを顕わし給うておられる。

日本国の諸人は、佐渡の雪中におわす大聖人を末法下種の主・師・親と知らない。この三徳の本仏を軽賤《きょうせん》すれば、人も国も亡びる。よっていま目を開《あ》けてこれを見さしめたのが開目抄である。

ゆえに下種本仏成道御書に云く

「去年《こぞ》の十一月より勘《かんが》えたる開目抄と申す文《ふみ》二巻造《つく》りたり。頸切《くびきら》るゝならば日蓮が不思議とどめんと思いて勘《かんが》えたり。此の文《ふみ》の心は、日蓮によりて日本国の有無《うむ》はあるべし。譬《たと》へば宅《いえ》に柱なければたもたず、人に魂なければ死人なり。日蓮は日本の人の魂なり」と。

「日蓮によりて日本国の有無はあるべし」の金文《こんもん》、よくよく心腑に染むべきである。

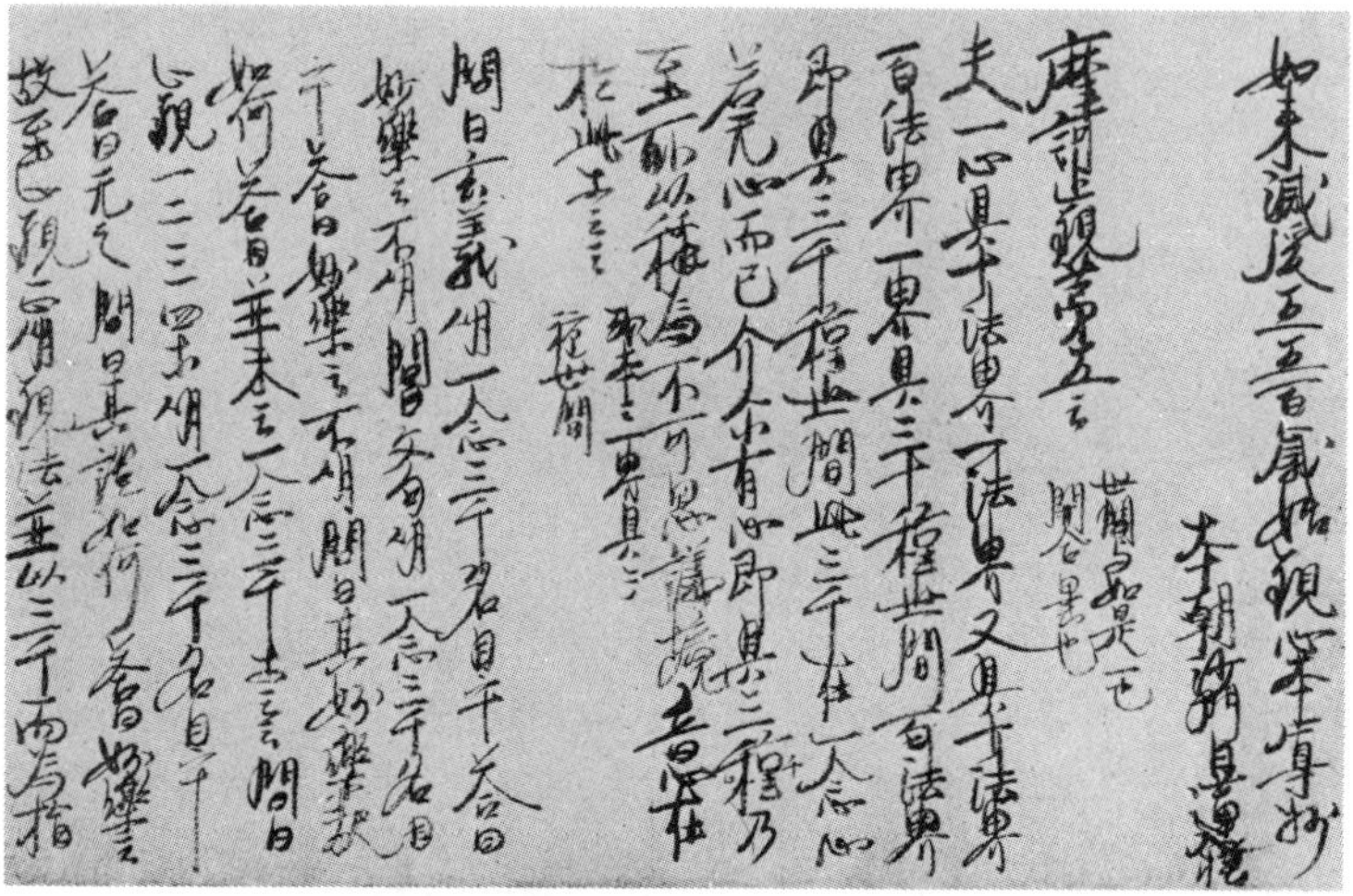
「観心本尊抄」の第一紙（御真蹟）

観心本尊抄の御述作

文永九年四月、大聖人は塚原の三昧堂より一《いち》の谷《さわ》に移された。そして翌十年四月二十五日、「当身《とうしん》の大事《だいじ》」といわれる観心本尊抄《かんじんのほんぞんしょう》をあらわされた。

この御書がどれほど重大の書であるかは、同抄の送状《おくりじょう》に「此の事、日蓮当身《とうしん》の大事なり。之《これ》を秘《ひ》し、無二《むに》の志《こころざし》を見ば之《これ》を開拓《かいたく》せらる可《べ》きか。此の書は難多く答少なし。未《み》聞《もん》の事なれば、人の耳目《にもく》之《これ》を驚動《きょうどう》すべきか。設《たと》い他見《たけん》に及ぶとも、三人四人座を並べて之を読むこと勿《なか》れ。仏滅後二千二百二十余年、未だ此の書の心有らず」

とあるを見てもわかる。

本抄は、大聖人が御図顕《ごずけん》された「南無妙法蓮華経　日蓮在御判《ざいごはん》」の御本尊を、説明あそばされた御書である。

本抄の題号《だいごう》は具《つぶ》さには「如来《にょらい》の滅《めつ》後《ご》五《ご》五《ご》百歳《ひゃくさい》に始《はじ》む観心《かんじん》の本尊抄《ほんぞんしょう》」という。この題号の意を平易に云えば、

〝末法の初め五百年に、上行菩薩出現して始めて弘むる、末代幼稚《まつだいようち》・成仏修行のための、御本尊の抄《しょう》〟

ということである。

釈迦仏はこの御本尊を、ただ法華経・本門寿量品の文底《もんてい》に秘《ひ》し沈め、末法のために上行菩薩に付嘱《ふぞく》された。ここに第五の五百歳・末法の始めを迎え、上行菩薩すなわち下種の御本仏出現して、末法の一切衆生の成仏修行の対境《たいきょう》として、この御本尊を図顕《ずけん》あそばすのである。

この文底《もんてい》下種《げしゅ》の御本尊には、人《にん》と法《ほう》がある。人《にん》は久遠元初の自受用身すなわち日蓮大聖人であり、法《ほう》は一念三千の南無妙法蓮華経である。そして、この人と法とは別々のものではない。人の全体がそのまま法、法の全体がそのまま人、これを「人法体一《にんぽうたいいつ》」という。この人法体一こそ生命の極理である。この人法体一の上に、いま日蓮大聖人即《そく》一念三千すなわち人即法《にんそくほう》の御本尊を説き明かされたのが、この観心本尊抄である。

実にこの御本尊は、十方三世《じゅっぽうさんぜ》の諸仏《しょぶつ》・諸経《しょきょう》の根源《こんげん》である。すなわちあらゆる仏、あらゆる経は、すべてこの御本尊より生じ、この御本尊に帰趣《きしゅ》するのである。

ゆえに日寛上人はこの御本尊の甚深の功徳を讃嘆して、次のごとく御指南されている。

「この本尊の功徳《くどく》、無量無辺《むりょうむへん》にして広大深遠《こうだいじんのん》の妙用《みょうゆう》あり。ゆえに暫《しばら》くもこの本尊を信じて南無妙法蓮華経と唱うれば、則《すなわ》ち祈《いの》りとして叶《かな》わざるは無く、罪として滅《めっ》せざるは無く、福として来《きた》らざるは無く、理《り》として顕《あら》われざるは無きなり」と。

さらに云く

「これ則《すなわ》ち蓮祖《れんそ》出世《しゅっせ》の本懐《ほんがい》、本門三大秘法の随一《ずいいち》、末法下種の正体《しょうたい》、行人所修《ぎょうにんしょしゅう》の明鏡《めいきょう》なり。ゆえに宗祖云く、此の書は日蓮が身に当る一期《いちご》の大事なり」と。

この観心本尊抄の結文《けちもん》には

「一念三千を識《し》らざる者には仏・大慈悲を起こし、五字の内に此の珠《たま》を裹《つつ》み、末代幼稚《ようち》の頸《くび》に懸《か》けさしめ給う」

と仰せられている。この御意は

〝末法の凡夫は自受用身即一念三千《じじゅゆうじんそくいちねんさんぜん》という生命の極理を識《し》らない。よって我が生命の何たるかに迷い、生死《しょうじ》を離《はな》れることが出来ない。ゆえに久遠元初の自受用身、大慈悲を起こし、妙法五字の御本尊に自受用身即一念三千の相貌《そうみょう》を図顕《ずけん》し、末法の一切衆生に授与し給う〟ということである。

我ら末法の凡夫は、ただこの御本尊を信じ南無妙法蓮華経と唱えれば、御本尊の仏力《ぶつりき》・法力《ほうりき》により、自然《じねん》と我が身がそのまま一念三千の本尊・日蓮大聖人と一体となり、成仏させて頂けるのである。なん

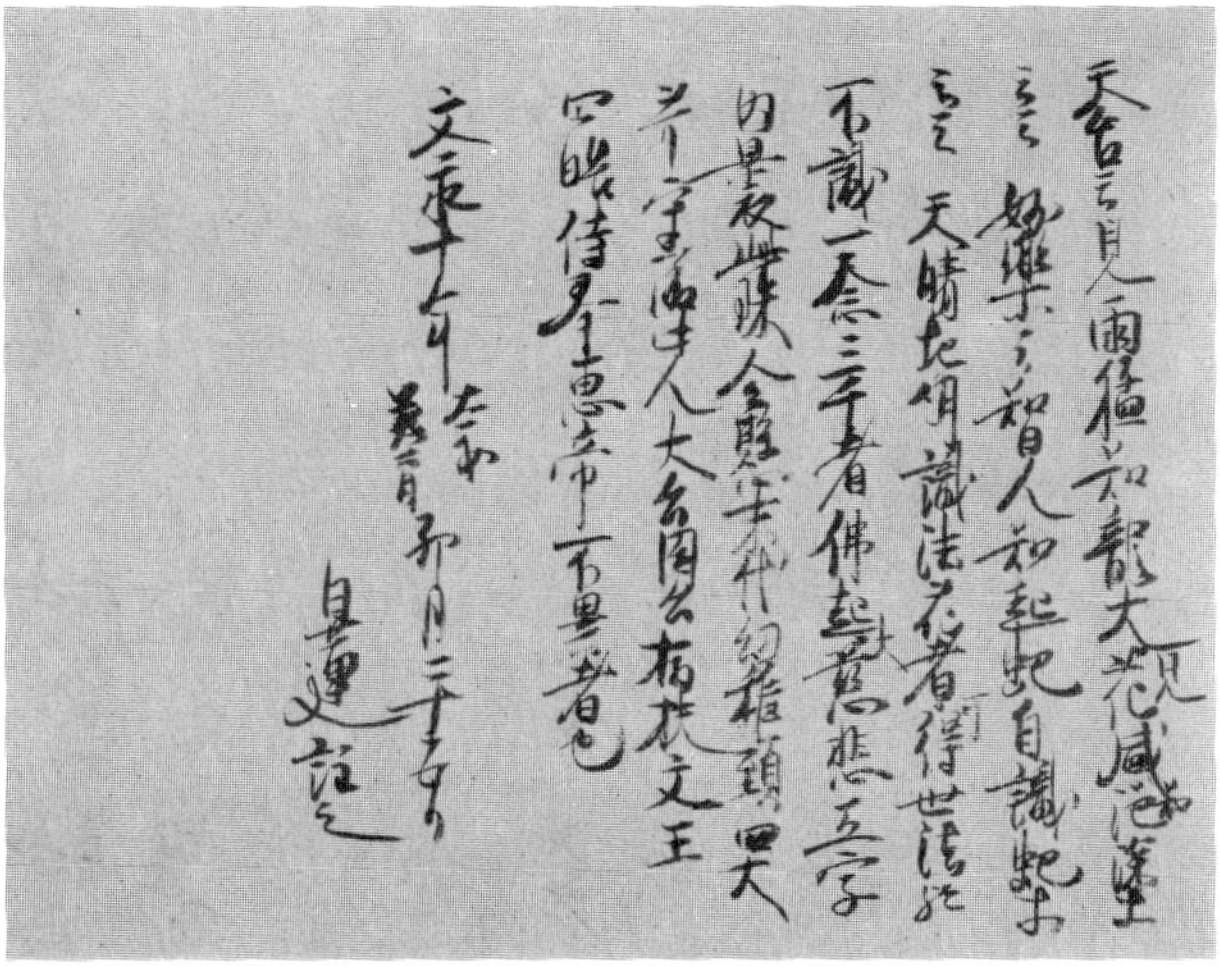
天台云見雨猛知竜大見花盛知池深
云云　妙楽云智人知起蛇自識蛇
云云　天晴者地明　識法華者可得世法歟
不識一念三千者仏起大慈悲五字
内裹此珠令懸末代幼稚頸　四大
菩薩守護此人　太公周公摂扶文王
四皓侍奉恵帝不異者也
文永十年太歳癸酉卯月二十五日
日蓮註之

「観心本尊抄」の結文（御真蹟）

と有難い御本尊ではないか。

この御本尊を、大聖人は佐渡御流罪以後、強信《ごうしん》の弟子たちに授与し給うておられる。しかしこれは一機《いっき》一縁《いちえん》のためといって、個人授与の御本尊である。

そしてこの観心本尊抄を著《あら》わされてより六年後の弘安《こうあん》二年、大聖人は末法の全人類に総《そう》じて授与《じゅよ》された「本門戒壇の大御本尊」を、御建立《ごこんりゅう》あそばされている。

このことを本抄には、自界叛逆《じかいほんぎゃく》・他国侵逼《たこくしんぴつ》の二難が色《いろ》を増《ま》す時

「一閻浮提《いちえんぶだい》第一の本尊を此の国に立つ可《べ》し」

と宣言されている。さればこの観心本尊抄は、まさしく「本門戒壇の大御本尊」の御抄《ごしょう》なのである。

佐渡ではこの他に、佐渡御書《さどごしょ》・諸法実相抄《しょほうじっそうしょう》・如説修行抄《にょせつしゅぎょうしょう》・顕仏未来記《けんぶつみらいき》・当体義抄《とうたいぎしょう》・法華行者値難事《ほっけのぎょうじゃちなんのこと》等の重要御書が著《あら》わされている。

赦免

大聖人の御威徳は次第に佐渡一帯に及び、入信する者は日々に増えた。これを見て邪法の者どもは心あせり、対策を練った。

「かうてあらんには、我等飢《かつ》え死ぬべし。いかにもして此の法師《ほっし》を失《うしな》はばや。既に国の者も大体つきぬ。いかんがせん」（下種本仏成道御書）

念仏者の主だった者たちは鎌倉へ走り、武蔵守《むさしのかみ》に

〝もし日蓮房をこのまま島に置くならば、念仏の寺も僧も一人も無くなってしまう〟と訴え出た。

これを聞いた武蔵前司宣時《むさしのぜんじのぶとき》は、前々から良観の教唆《きょうさ》もあり〝上《かみ》の許しを得るまでもない事〟と、文永十年十二月七日付けで、私の下文《くだしぶみ》を作った。その内容は、〝日蓮房が弟子を引率《いんそつ》して悪行《あくぎょう》をたくらんでいるから、それに随う者は罰する〟というものである。まさに公文書《こうぶんしょ》の偽造《ぎぞう》であった。

かくて、庵室《あんしつ》の前を通ったと云っては牢に入れ、大聖人に供養したと云っては追放する、という暴挙《ぼうきょ》が行われた。

しかし赦免《しゃめん》の時は近づいた。邪宗の僧の躍起《やっき》の運動の頭ごしに、北条時宗がついに決断したのであった。

赦免については、前々から弟子達の中に、その運動を行なおうとする動きがあったが、大聖人は厳しくこれを禁じておられた。
「早々に御免《ごめん》を蒙《こうむ》らざる事は、之を歎《なげ》く可《べ》からず。定めて天之《これ》を抑《おさ》うるか。……日蓮が御免を蒙らんと欲《ほっ》するの事を色に出《いだ》す弟子は、不孝の者なり。敢《あえ》て後生《ごしょう》を扶《たす》く可《べ》からず、各各《おのおの》此の旨《むね》を知れ」（真言諸宗違目）
また
「御勘気《ごかんき》ゆりぬ事、御歎き候べからず候。当世日本国、子細《しさい》有る可《べ》きの由之《よしこれ》を存ず。定めて勘文《かんもん》の如く候べきか」（土木殿御返事）と。
たとえ大聖人の御身を案ずる心からとは云え、赦免運動《しゃめんうんどう》などは、大聖人の御心を知らぬにもほどがある。狂子《おうじ》を誡《いまし》める厳父《ごんぷ》が、子に打たれて助けを乞《こ》おうか。慈父《じふ》の念《おも》いは狂子《おうじ》の改悔《かいげ》のみである。その改悔は罰を感ずるところに起きる。
ゆえに大聖人は、一国に験《しるし》の出ることを諸天に申しつけておられた。佐渡において日夜高き山に登り、日・月に向い、声を上げて仰せられたのがこれである。
撰時抄《せんじしょう》に
「若《も》し日蓮法華経の行者ならば、忽《たちまち》に国にしるしを見せ給へ。若ししからずば、今の日月《にちがつ》等は釈迦・多宝・十方の仏をたぶらかし奉る大妄語《だいもうご》の人《にん》なり。提婆《だいば》が虚誑罪《こおうざい》、倶伽利《くぎゃり》が大妄語にも百千万億倍すぎさせ給へる大妄語の天なりと、声をあげて申せしかば、忽《たちまち》に出来《しゅったい》せる自界叛逆難《じかいほんぎゃくのなん》なり」と。

また光日房御書《こうにちぼうごしょ》には

「梵天《ぼんてん》・帝釈《たいしゃく》・日月《にちがつ》・四天《してん》はいかになり給いぬるやらん。天照太神・正八幡宮は此の国にをはせぬか。……此の罪をそろしくおぼせば、いそぎいそぎ国にしるしをいだし給え、本国へかへし給へと、高き山にのぼりて大音声《だいおんじょう》を放《はな》ちてさけびしかば、九月の十二日に御勘気《ごかんき》、十一月に謀反《むほん》の者いできたり、かへる年の二月十一日に日本国のかためたるべき大将どもよしなく打ち殺されぬ。天のせめという事あらはなり。此れにや驚かれけん、弟子どもゆるされぬ。而れどもいまだ許《ゆ》りざりしかば、いよいよ強盛《ごうじょう》に天に申せしかば、頭の白き烏《からす》とび来りぬ。……文永十一年二月十四日の御赦免状《ごしゃめん》、同三月八日に佐渡の国につきぬ」と。

以上の御文を拝すれば、なぜ赦免状が発せられたかがよくわかろう。自界叛逆は流罪の後百日にして現実となり、他国侵逼また蒙古の使者が再三渡来し、その危機は迫っていたのであった。

時宗の改悔《かいげ》

執権《しっけん》・北条時宗は、始め人の讒言《ざんげん》を信じて大聖人を流罪に処《しょ》し奉ったが、次第に大聖人のただ人《びと》ならぬを感じ、周囲の反対を押し切って赦免状《しゃめんじょう》を発したのであった。

中興入道消息《なかおきにゅうどうしょうそく》に

「科《とが》なき事すでにあらわれて、云ゐし事も空《むな》しからざりけるかのゆへに、御一門《ごいちもん》・諸大名《しょだいみょう》は許すべからざるよし申されけれども、相模守殿《さがみのかみどの》の御計《みはか》らひばかりにて、ついに許《ゆ》りて候いて登りぬ」と。

相模守とは時宗のことである。この時宗は最明寺時頼《さいみょうじときより》の子である。父・時頼が伊豆の流罪を許した事情と、時宗の佐渡流罪の赦免はまことによく似ている。

「故《こ》最明寺殿の日蓮をゆるししと、此の殿の許ししは、禍《とが》なかりけるを、人のざんげんと知りて許ししなり」（出世本懐成就御書）

父子ともに一分の改悔《かいげ》があったこと間違いない。そして時頼には悪人の重時《しげとき》が、また時宗には同じく平左衛門《へいのさえもん》がそばに在《あ》ったことも、よく似ている。

ここに大聖人は佐渡におわすこと二年と五ヶ月にして、文永十一年三月十三日に佐渡を立ち、越後《えちご》の柏崎《かしわざき》に着岸して同三月二十六日鎌倉に帰り給うた。

大聖人が着岸された越後・柏崎の海岸

第十一章　第三の国家諫暁

鎌倉へ御帰還

〝生きて帰る者はない〟といわれた佐渡から、堂々と鎌倉に帰り給うた大聖人のお姿を見て、弟子一同の歓喜《かんぎ》はいかばかりであったか。迎えた弟子檀那は、退転者続出の中にあっても大聖人を見失わず、命をかけて信心を貫いた百撓《ひゃくとう》不屈《ふくつ》の強信者ばかりである。伏し拝む大聖人のお姿は、恐らく涙でかすんでいたであろう。

大聖人が佐渡より直ちに鎌倉に入られたのは、いま一度平左衛門に、謗法を退治し正法を立てるべき旨《むね》を申し聞かせんとおぼされていたからである。

「此の事をいま一度平左衛門に申しきかせて、日本国にせめ残《のこ》されん衆生をたすけんがために、登りて候いき」（高橋入道殿御返事）と。

ところが御帰還《ごきかん》から十日も経《た》たぬうちに、呼び出しは幕府のほうから来た。

平左衛門と対面

文永十一年四月八日、大聖人は殿中《でんちゅう》において、平左衛門以下幕府首脳の面々と対面された。

「四月八日平左衛門尉《じょう》に見参《げんざん》しぬ。前《さき》には似《に》るべくもなく威儀《いぎ》を和《やわら》げて正《ただ》しくする上……」(下種本仏成道御書)

平左衛門は竜の口の時の居丈高《いたけだか》な態度とは打って変って、威儀《いぎ》を和《やわら》げ礼儀正しく大聖人をお迎えした。居並ぶ面々は交々《こもごも》大聖人に仏法を尋ねた。ある入道は念仏を、ある俗《ぞく》は真言を、ある者は禅《ぜん》を、また平左衛門は爾前経《にぜんきょう》で成仏が出来るかどうかと質問した。大聖人は一々に経文を引いてこれに答え給うたが、やがて平左衛門に対し

「王地《おうち》に生れたれば、身をば随《したが》えられたてまつるやうなりとも、心をば随えられたてまつるべからず。念仏の無間獄《むげんごく》、禅《ぜん》の天魔《てんま》の所為《そい》なる事は疑いなし。殊《こと》に真言宗が此の国土の大なるわざはひにては候なり。大蒙古を調伏《ちょうぶく》せん事真言師には仰せ付けらるべからず。若《も》し大事を真言師調伏するならば、いよいよ急《いそ》いで此の国ほろぶべし」(撰時抄)と仰せられた。

この強き諫めにも、平左衛門は怒りを表わさなかった。そして時宗の意向《いこう》を受けているかのように、

蒙古襲来の時期について尋ねた。

「いつごろか寄《よ》せ候べき」（撰時抄）と。

大聖人は厳然と答えられた。

「経文にはいつとは見へ候《そうら》はねども、天《てん》の御《み》気《け》色《しき》いかり少《すく》なからず、急《きゅう》に見へて候。よも今年《ことし》は過《す》ごし候はじ」（撰時抄）

経文にはいつとは書かれてないが、諸天のようすは怒り少なからず、急を告げている。よも今年を過ぎることはないであろうと、断言し給うたのである。

まさに掌《たなごころ》を指すような仰せである。「梵《ぼん》・釈《しゃく》左右に侍《はんべ》り、日月前後を照《てら》し給ふ」御本仏にあらずして、どうしてこのような御予言がなし得ようか。

さらに大聖人は

「それにとっては、日蓮已《い》前《ぜん》より勘へ申すをば御用ひなし。譬《たと》えば病の起りを知らざらん人の病を治せば、弥《いよ》よ病は倍増すべし。真言師だにも調伏するならば、弥《いよ》よ此の国軍《いくさ》に負くべし。穴賢《あなかしこ》・穴賢。真言師、総じて当世の法師《ほっし》等をもって御祈り有るべからず」（下種本仏成道御書）

と云い切られた。これが第三の国家諫暁である。

なんと勇《ゆう》烈《れつ》なる御言葉であろうか。いま大聖人は死《し》罪《ざい》・流《る》罪《ざい》をやっと許されたばかりの身である。ここで平左衛門の逆鱗《げきりん》にふれれば、再び流罪となり、今度こそ身命に及ぶかも知れない。しかるを御身を顧《かえり》みず、権威を恐れず、いささかも諂《へつら》わぬこのお振舞い。仏を「世雄《せおう》」と申し上げるが、まさにその感を深くする。

「聖人は言《ことば》をかざらず」とあるが、大聖人の仰せはすべて国のため・一切衆生のための大慈悲より発し給うもの、あたかも慈父《じふ》が不肖《ふしょう》の子に申し付けるごときである。

思い起こすは念仏宗の元祖《がんそ》・法然《ほうねん》の卑劣さである。彼は当時権威のあった天台宗を悪口し、それを叡《えい》山《ざん》の座主《ざす》より咎《とが》められるや、たちまち起請文《きしょうもん》を入れて詫《わ》び、しかも陰《かげ》ではこれを欺《あざむ》くということを繰《く》り返えしていた。まことに御本仏の御振舞いと邪僧のそれと、あまりの懸隔《けんかく》に長大息《ちょうだいそく》のほかはない。

平左衛門は、大聖人の「よも今年は過《す》ごし候はじ」との御断言を、どのように受け止めたであろうか。いずれにしても大聖人は、この諫めを以って、幕府諫暁の最後とされるおぼしめしであられた。ゆえに未驚天聴御書《みきょうてんちょうごしょ》には

「事《こと》三《み》ヶ度《ど》に及ぶ、今は諫暁を止《や》む可《べ》し。後悔を致《いた》すなかれ」と仰せられている。

幕府の懐柔

さて幕府の態度であるが、彼らはまだ大聖人に帰依をしたのではない。ただ大聖人の御予言の的中に驚き、薄気味《うすきみ》が悪くなってきたのだ。よって佐渡より召し帰し、出来ることなら諸宗と共に国家安泰の祈りをしてもらいたいと思っていたのである。この意味で執権・時宗は

「西《にし》の御門《ごもん》の東郷入道屋形《とうごうにゅうどうやかた》の跡《あと》に坊《ぼう》作って帰依《きえ》せん」（御伝土代）

との意向《いこう》すら示した。しかし大聖人はこの不純の供養を一蹴《いっしゅう》された。御講聞書《おこうききがき》には「世間の法に染《そま》らざること、蓮華の水に在《あ》るが如《ごと》し」の経文を引かれ

「世間の法とは、国王・大臣より所領《しょりょう》を給わり官位《かんい》を給うとも、夫《それ》には染《せん》せられず。謗法《ほうぼう》の供養《くよう》を受けざるを以て、不染世間法《ふぜんせけんぼう》とは云うなり」

と仰せられている。これが大聖人の御精神である。

そもそも正法に帰依するとは邪法を捨てることである。薬を服《の》むには毒を捨てることが先決である。ゆえに大聖人は三度にわたる諫暁のたびにこれを強く仰せられている。

撰時抄には

「余《よ》に三度の高名《こうみょう》あり。一には去《いに》し文応元年太歳庚申七月十六日に立正安国論を最明寺殿《さいみょうじどの》に奏《そう》したてまつりし時、宿谷《やどや》の入道に向って云く、禅宗と念仏宗とを失い給うべしと申させ給へ、此の事を御用いなきならば、此の一門より事をこりて、他国にせめられさせ給うべし。

二には去《いに》し文永八年九月十二日申《さる》の時に平左衛門尉《じょう》に向って云く、日蓮は日本国の棟梁《とうりょう》なり、予《よ》を失

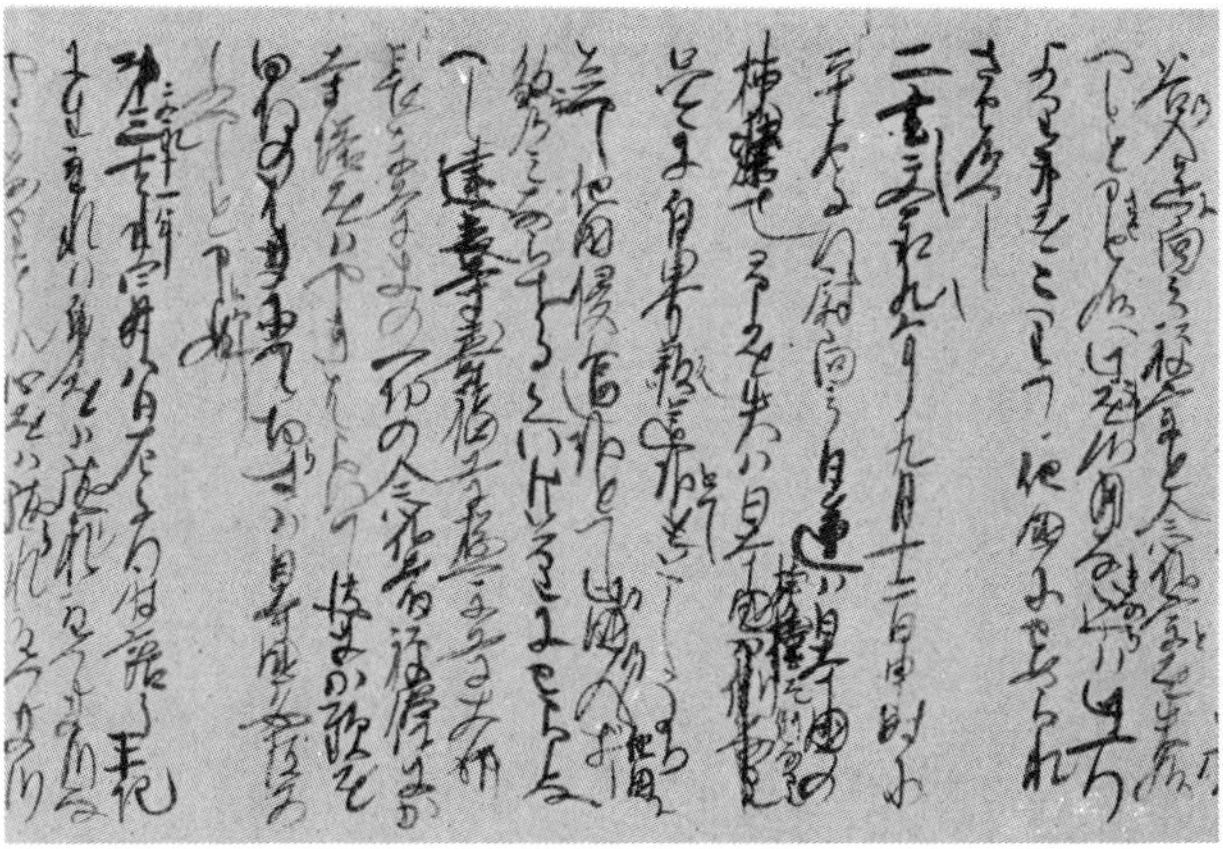

「三度の高名」を記された「撰時抄」（御真蹟）

なうは日本国の柱橦《はしら》を倒すなり、只今に自界反逆難とてどしうちして、他国侵逼難とて此の国の人々他国に打ち殺さるるのみならず、多くいけどりにせらるべし、建長寺・寿福寺・極楽寺・大仏・長楽寺等の一切の念仏者・禅僧等が寺塔《じとう》をば焼きはらいて、彼等が頸《くび》をゆひのはまにて切らずば日本国必ずほろぶべしと申し候い了《おわん》ぬ」と。

そして三度目が今回の御諫暁である。

もし大聖人の教えが、邪法と肩を並べ共存して法華経を信ぜよというものなら、さしたる抵抗もなく用いられるに違いない。しかしそれでは国も助からず、人も成仏できない。ここに〝一切の邪法を捨てて三大秘法に帰せよ、ことに真言の悪法を捨てよ〟と、三度目の諫めを遊ばしたのであった。

真言師の祈雨

しかるに、それより二日のち、幕府はこともあろうに真言師の阿弥陀堂法印《あみだどうほういん》（加賀《かが》法印）に祈雨《きう》を命じた。これは形を変えた大聖人への挑戦である。もし真言の祈りで雨が降るならば、大聖人の義は破れる。先に良観との祈雨《きう》の勝負があったが、これはある意味で、それ以上に重大な問題を含んでいた。

阿弥陀堂法印は東寺（真言宗の本山）第一の智者といわれ、弘法《こうぼう》・慈覚《じかく》・智証《ちしょう》の真言の秘法を残らず胸に浮べる名僧といわれていた。

法印の祈雨は十日より始った。ところが、どうしたことであろう、翌十一日大雨がふり、風も吹かずに一日一夜降り続いたのであった。

これを見て執権・時宗は、感激のあまり金三十両と馬その他の引き出物を与えた。また鎌倉中の上下万人も手をたたき、口をすくめて嘲笑し

〝日蓮は間違った法門を弘め、すでに頸《くび》を切られんとしてやっと助かったのに、またまた念仏・禅をそしるだけでなく、有り難い真言までそしったので、このようなめでたい法の験《しるし》が出たのだ〟と罵った。

大聖人の弟子達もこれには衝撃を受け、〝真言を邪法というのは激しすぎるのでは〟などという者さえ出た。

しかしこの雨を見て、大聖人は仰せられた。

「しばし待て」（下種本仏成道御書）と。

さらに続けて

〝弘法《こうぼう》の悪義がもし正しいのなら、隠岐《おき》の法皇《ほうおう》（後鳥羽上皇《ごとばじょうこう》）こそ軍《いくさ》に勝ったであろう。弘法が法華

経を華厳経《けごんきょう》に劣ると云い、寿量品の釈迦仏を貶《けな》し、天台大師を謗《そし》ったことは彼の文に明らかである。かかる僻事《ひがごと》を云う者の弟子・阿弥陀堂法印がもし日蓮に勝つならば、竜王は法華経の敵《かたき》となり、梵釈《ぼんしゃく》・四《し》天王《てんのう》に責《せ》められるであろう。これには必ず子細《しさい》がある〃

と諭《さと》された。だが弟子達はまだ半信半疑のていであった。

さらに大聖人は

〃真言の善無畏《ぜんむい》も、不空《ふくう》も、雨を祈って降《ふ》るには降ったが、直後に大風が吹いている。これも必ず同じようなことが起るであろう〃と仰せられた。

大悪風

その言葉の終るか終らぬうちに大風が吹き始めた。悪風は鎌倉中の大小の舎宅《しゃたく》・堂塔《どうとう》・古木《こぼく》・御所《ごしょ》等を、あるいは天に吹き上げ、地になぎ倒し、多くの人・畜をも吹き殺した。

たとえ悪風でも、秋であれば台風の時期であるから許される辺もある、しかしこれは四月である。しかも日本全体に吹いたのではない。ただ関東、そして関東には相模《さがみ》、相模には鎌倉、鎌倉の中には御所《ごしょ》・若宮《わかみや》・建長寺《けんちょうじ》・極楽寺《ごくらくじ》等に強く吹いた。

「ただ事とも見へず、ひとへにこの祈りのゆへにやとおぼへて、わらひ口すくめせし人人も興《きょう》さめてありし上、我が弟子どもも、あら不思議やと舌をふるう」（下種本仏成道御書）

嘲笑《ちょうしょう》した鎌倉の諸人の興《きょう》ざめはさておき、そばにいた弟子達は大聖人の御確信の偉大さ、そして不思議さに、ただ恐れ入ったことであろう。

蒙古襲来の前兆

そして、この時ならぬ大悪風は、「よも今年は過《す》ごし候はじ」と大聖人が断定された蒙古襲来の前兆《ぜんちょう》でもあった。

八幡宮造営事《はちまんぐうぞうえいのこと》には

「去《い》ぬる文永十一年四月十二日に大風ふきて、其の年他国より襲《おそ》ひ来るべき前相《ぜんそう》なり。風は是れ天地の使《つかい》なり。まつり事あらければ風あらしと申すは是なり」

と仰せられている。まさに諸天の怒りを示す悪風であった。

第十二章　身延御入山

文永十一年五月十二日、大聖人は鎌倉を去り、甲州《こうしゅう》（山梨県）・身延山《みのぶさん》へ向われた。身延の地頭《じとう》・波木《はき》井《り》実長《さねなが》は日興上人の教化による入信である。大聖人を敬慕《けいぼ》し、自領内に招請《しょうせい》申し上げる志を表わした。ここに日興上人の御案内により、大聖人はこの身延の深山《しんざん》に入り給うたのである。

鎌倉を去られた理由について大聖人は

「本より期《ご》せし事なれば、日本国の亡《ほろ》びんを助けんがために三度《みたび》いさめんに御用《おんもち》いなくば、山林《さんりん》にまじわるべき由《よし》存ぜしゆへに、同五月十二日に鎌倉をいでぬ」（光日房御書）

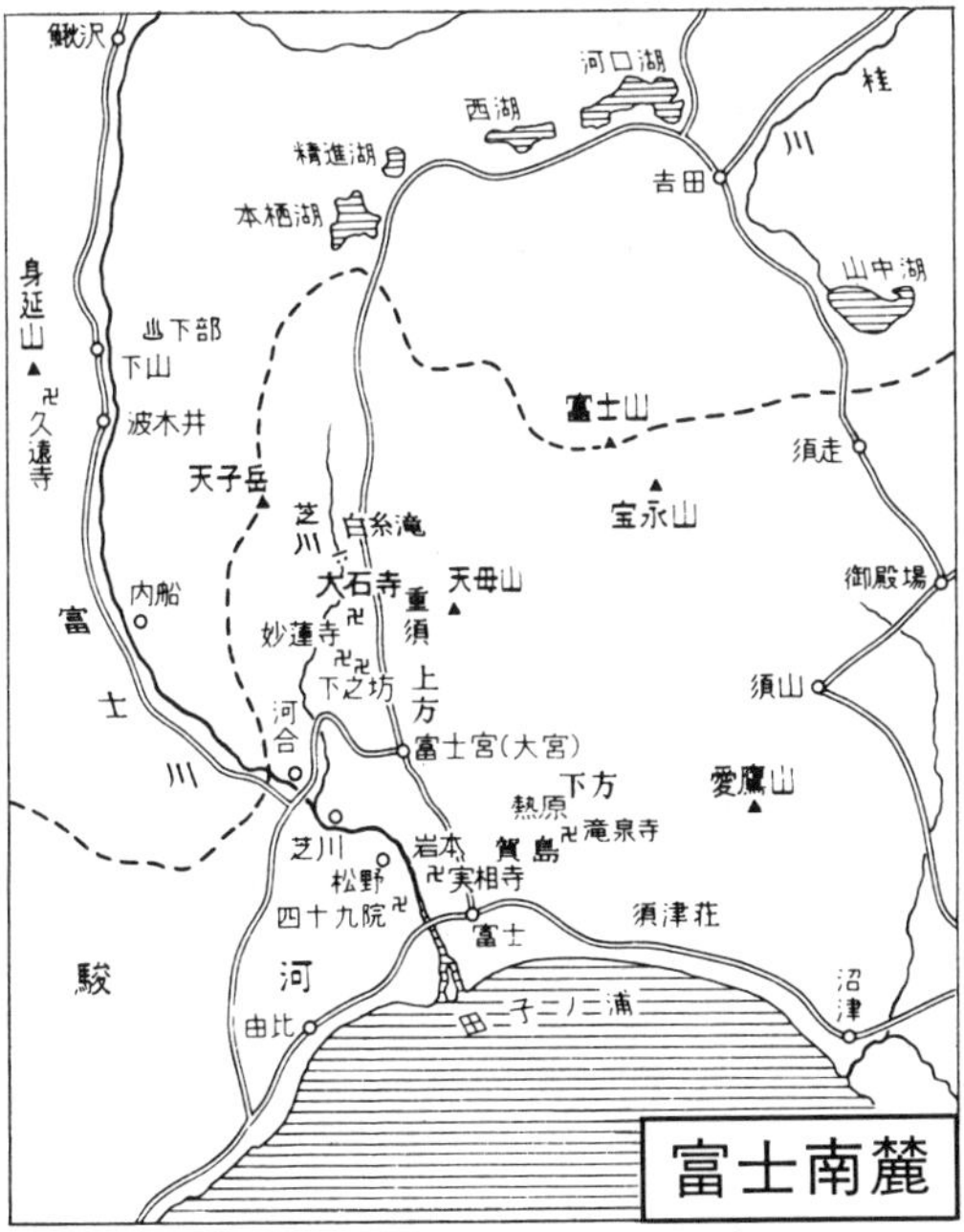

富士南麓

「本より存知《ぞんち》せり。国恩を報ぜんがために三度《みたび》までは諫暁すべし、用いずば山林に身を隠《かく》さんと思ひしなり」（下山御消息）と。

たとえ聞き入れずとも、国を救うために三度までは諫暁すべし、そしてなお聞かなければ鎌倉を去る。

これが兼ねてからの大聖人の御意《ぎょい》であられた。

かくて人も通わぬ身延の山に御入山されたのである。この深山のようすを妙法比丘尼《びくに》御返事には

「四《よっ》の山は屏風《びょうぶ》の如し。北に大河あり、早河《はやかわ》と名づく、早き事・箭《や》を射《い》るが如し。南に河あり、波木井《はきり》河《がわ》と名づく、大石《おおいし》を木の葉の如く流す。東には富士河《ふじかわ》、北より南へ流れたり、千の鉾《ほこ》をつくが如し。内に滝あり、身延の滝と申す、白布《しらぬの》を天《そら》より引くが如し。此の内に狭小《いささか》の地あり、日蓮が庵室《あんしつ》なり。深《み》山《やま》なれば昼も日を見奉らず、夜も月を詠《なが》むる事なし。峯《みね》には巴峡《はこう》の猨《ましら》かまびすしく、谷には波の下《くだ》る音《おと》鼓《つづみ》を打つがごとし。地には敷《し》かざれども大石多く、山には瓦礫《がりゃく》より外には物なし。国主はにくみ給ふ、万民はとぶらはず。冬は雪・道を塞《ふさ》ぎ、夏は草・生《お》い茂《しげ》り、鹿の遠音《とおね》うらめしく、蟬《せみ》の鳴く声かまびすし」

と描写《びょうしゃ》されている。大聖人が庵室を構えられた深山・身延の情景が、目に浮ぶようである。

身延入山の大目的

人里《ひとざと》離れたこの深山に籠《こも》られた大聖人を、人はあるいは隠栖《いんせい》と見、遁世《とんせ》というかも知れない。

静寂の深山・身延

だが、身延御入山には大目的があられた。実に身延在住の九ヶ年間こそ、大聖人の一代御化導における最も大事な正宗分《しょうしゅうぶん》に当るのである。

そのゆえは、大聖人の出世《しゅっせ》の本懐《ほんがい》（御出現の目的）は、末法の一切衆生の成仏の法体たる「本門戒壇の大御本尊」を建立《こんりゅう》あそばすことにある。

「及加刀杖《ぎゅうかとうじょう》」「数数見擯出《さくさくけんひんずい》」等の経文を身で読まれたのも、御頸《おんくび》の座に臨《のぞ》み発迹顕本《ほっしゃくけんぽん》し給うたのも、ただこの大御本尊を顕わすことが目的であられた。

ここに佐渡より帰られた大聖人は、身業読誦《しんごうどくじゅ》のすべてを了《お》え、いよいよ久遠元初の自受用身《じじゅゆうしん》・末法下種の教主として、末法万年尽未来際《じんみらいさい》の一切衆生のため、出世の本懐たる「本門戒壇の大御本尊」を建立すべき時を迎え給うたのである。

かくて静寂《せいじゃく》の身延に入山あそばした。ゆえに一代御化導において、発迹顕本以後の真実開顕の中においても身延期は重大、まさに正宗分の中の正宗分なのである。

令法久住のための御著述

以上のように身延期の大聖人は、大御本尊建立を一大目的として、さらに令法《りょうぼう》久住《くじゅう》（法をして久しく住せしむ）のため、数多くの重要御書を述作され、三大秘法の御法門を縦横に説き示されている。

身延九ヶ年における著述は実に二百数十篇《ぺん》の多きに上《のぼ》る。これは御一代における御書の過半《かはん》に及ぶものである。以て令法《りょうぼう》久住《くじゅう》の聖意を拝すべきである。

いまその中から、ことに重要な数篇を挙げて、その大意を説明する。

法華取要抄

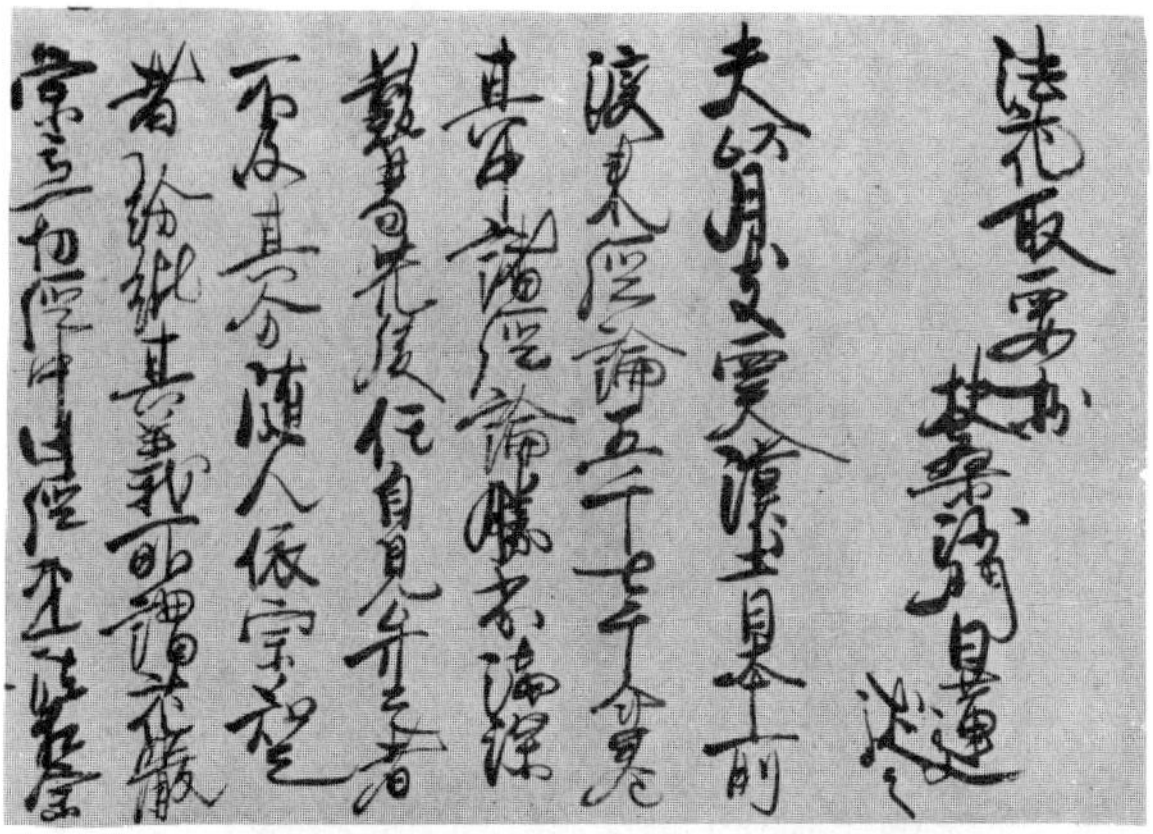
法華取要抄　扶桑沙門日蓮述

「法華取要抄」の第一紙（御真蹟）

本抄は身延御入山を待たれていたように、入山直後の文永十一年五月二十四日の御述作である。

すなわち、法華経の肝要《かんよう》を取って大聖人が弘通し給う相を述べられているゆえに、「法華取要抄《ほっけしゅようしょう》」と名づけ給うたのである。

この法華経の肝要とは何か。それは久遠元初の名字《みょうじ》の妙法、すなわち三大秘法である。

本抄には、この三大秘法の名目《みょうもく》が始めて整束《せいそく》して明かされている。

「問うて云く、如来の滅後二千余年に、竜樹《りゅうじゅ》・天親《てんじん》・天台《てんだい》・伝教《でんぎょう》の残したまえる所の秘法何物《なにもの》ぞや。答えて曰く、本門の本尊と戒壇と題目の五字なり」と。

そして末文において、この三大秘法の広宣流布について

「是《か》くの如く国土乱れて後、上行等の聖人《しょうにん》出現し、本門の三《みっ》つの法門之《これ》を建立し、一四天《いっしてん》・四海《しかい》一同に妙法蓮華経の広宣流布疑い無き者か」

と結ばれている。

撰時抄

本抄は建治元年の御述作である。その大意を拝すれば、

〃いま末法においては必ず文底深秘《もんていじんぴ》の大法が広宣流布すること。また、末法においては日蓮大聖人を以て下種の本尊とすべきこと〃の二義が明かされている。

文底深秘の大法が広宣流布することについては本文に

「仏の滅後に、迦葉《かしょう》・阿難《あなん》・馬鳴《めみょう》・竜樹《りゅうじゅ》・無著《むちゃく》・天親《てんじん》乃至天台《てんだい》・伝教《でんぎょう》のいまだ弘通しましまさぬ最大の深秘《じんぴ》の正法《しょうぼう》、経文の面《おもて》に現前《げんぜん》なり。此の深法《じんぽう》、今末法の始め五五百歳《ごごひゃくさい》に、一閻浮提《いちえんぶだい》に広宣流布すべき

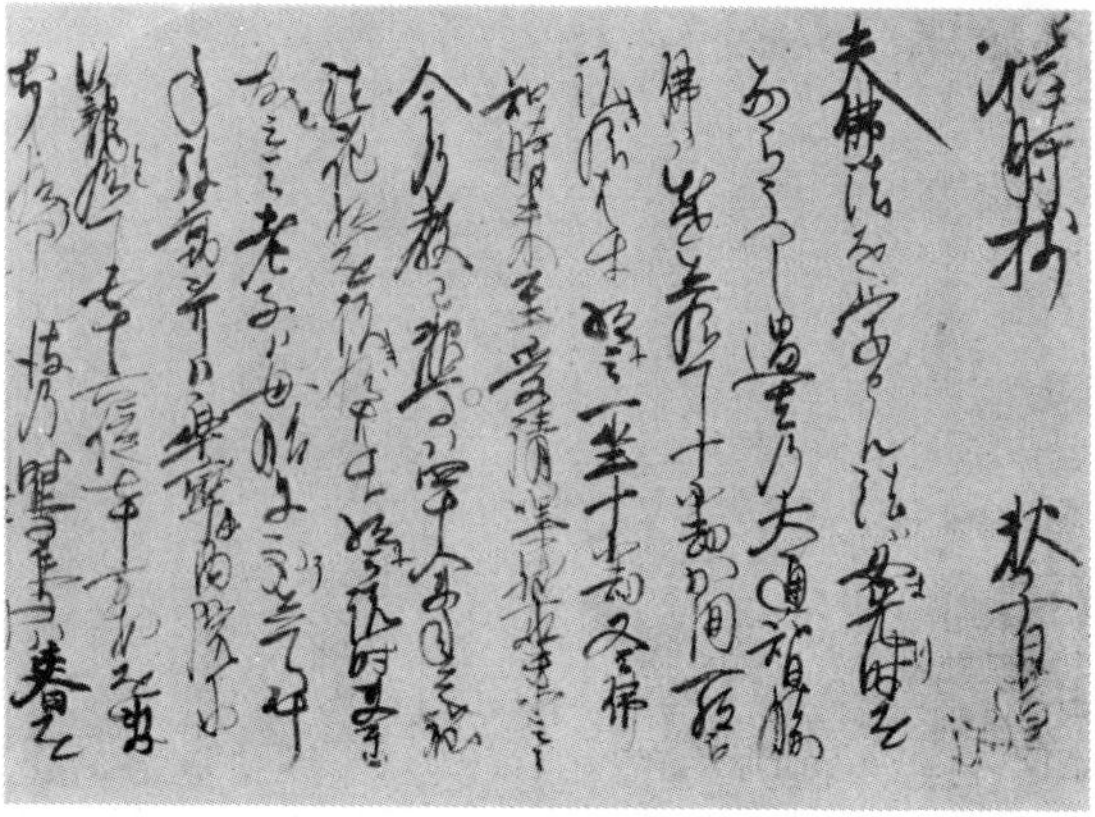

「撰時抄」の第一紙（御真蹟）

やの事云々」

と示されている。この文底深秘の大法とは、具体的に何を指すのであろうか。日寛上人は撰《せん》時《じ》抄《しょう》文《もん》段《だん》に次のごとく御指南されている。

「問う。文底深秘の大法、その体《たい》如何《いかん》。答う、すなわち是れ天台未《み》弘《ぐ》の大法、三大秘法の随《ずい》一《いち》、本門戒壇の御本尊の御《おん》事《こと》なり」

と。

されば文底深秘の大法が広宣流布するとは、まさに「本門戒壇の大御本尊」が広宣流布するということである。まさにこの撰時抄が「本門戒壇の大御本尊」の建立を目《もく》しての御述作であることに、深く留意せねばならない。

また、日蓮大聖人を以て下種の本尊とすべき事については、本文に三徳を挙げ

「法華経をひろむる者は日本の一切衆生の父母《ふも》なり。……されば日蓮は当帝《とうてい》の父母、念仏者・禅衆・真言師等が師範なり、また主君なり」

と示されている。三徳はすなわち人の本尊である。

報恩抄

報恩抄は建治二年、恩師道善房の訃報《ふほう》に接し、報恩謝徳のために著《あら》わされたもので、諸宗の謗法、ことに真言の誑惑《おうわく》を責破《せきは》し、正しく本門の三大秘法を顕わし、以って師恩報謝《しおんほうしゃ》に擬《ぎ》し給うたものである。

すなわち三大秘法について

「問うて云く、天台伝教の弘通し給わざる正法ありや。答えて云く、有り。求めて云く、何物ぞや。答えて云く、三《みっ》あり、末法のために仏留め置き給う。迦葉《かしょう》・阿難《あなん》等、馬鳴《めみょう》・竜樹《りゅうじゅ》等、天台・伝教等の弘通せさせ給はざる正法なり。

求めて云く、其の形貌《ぎょうみょう》如何《いかん》。

答えて云く、一《ひとつ》には日本乃至一閻浮提一同に本門の教主釈尊を本尊とすべし。所謂《いわゆる》宝塔《ほうとう》の内の釈迦・多宝・外《そのほか》の諸仏並に上行等の四菩薩脇士《きょうじ》となるべし。二《ふたつ》には本門の戒壇。三《みっ》には日本乃至漢土・月氏・一閻浮提に、人ごとに有智無智《うちむち》をきらはず、一同に他事《たじ》をすてて南無妙法蓮華経と唱うべし」

と、明確に顕わされている。ここに仰せられている「本門の教主釈尊」とは、印度出現の釈尊ではない。まさに法華経本門寿量品文底の教主、本因妙の教主釈尊、すなわち日蓮大聖人の御事である。

また大聖人の三徳を示されて

「日蓮が慈悲曠大《こうだい》ならば、南無妙法蓮華経は万年の外《ほか》未来までもながるべし。日本国の一切衆生の盲目をひらける功徳あり。無間地獄の道をふさぎぬ」と。

「日蓮が慈悲……」とは親徳、「日本国の一切衆生の盲目をひらける」とは師徳、「無間地獄の道をふさぎぬ」とは主徳である。末法下種の教主・人の本尊たること炳乎《へいこ》として明らかである。

三大秘法抄

本抄は弘安五年四月の御述作で、三大秘法の出現の縁由《えんゆ》と、三大秘法の一々について、その内容を具体的に明示された重要な御書である。

その中でことに「本門の戒壇」について、次のごとく御教示下されている。

「戒壇とは王法《おうぼう》仏法に冥《みょう》じ仏法王法《おうぼう》に合《がっ》して、王臣一同に本門の三大秘密《さんだいひみつ》の法を持《たも》ちて、有徳王《うとくおう》・覚《かく》徳比丘《とくびく》の其の乃往《むかし》を末法濁悪《じょくあく》の未来に移さん時、勅宣《ちょくせん》並びに御教書《みぎょうしょ》を申し下《くだ》して、霊山浄土《りょうぜんじょうど》に似《に》たらん最勝《さいしょう》の地を尋ねて戒壇を建立《こんりゅう》す可《べ》き者か。時を待つ可《べ》きのみ。事《じ》の戒法《かいほう》と申すは是《こ》れなり。三国《さんごく》並びに一閻浮提《いちえんぶだい》の人懺悔滅罪《にんざんげめつざい》の戒法のみならず、大梵天王《だいぼんてんのう》・帝釈《たいしゃく》等も来下《らいげ》して蹋《ふ》み給うべき戒壇なり」と。

このように「本門の戒壇」についてその内容をお示し下された御書は、一代四百余篇の中で本抄ただ一つしか存在しない。この意味で本抄は極めて大事な御書である。

第十三章　蒙古襲来

さて、大聖人が諫暁を止《や》め、鎌倉を去り給うたということは、日本国にとって重大な意味を持っている。それは蒙古がいよいよ襲来することと関連しているからである。

十四年前の立正安国論に

「聖人《しょうにん》去らん時は七難《しちなん》必ず起こらん」

と仰せられ、また三度目の諫暁直後の未驚天聴御書《みきょうてんちょうごしょ》に

「事《こと》三《み》ヶ度《ど》に及ぶ。今は諫暁を止《や》むべし。後悔を致《いた》すなかれ」

と御警告されたのはこの事であった。

すでに幕府は大聖人の御頸《おんくび》まで切らんとする大謗法をなしている。これを見て、御本仏の守護を誓《ちか》う諸天は、この謗法の国を罰せんとしていた。しかるに今まで他国侵逼《たこくしんぴつ》がなかったのは、大聖人が諸天を禁《とど》めておられたからである。ゆえに下種本仏成道御書に云く

「此の国の亡《ほろ》びん事疑いなかるべけれども、且《しばら》く禁《とどめ》をなして国をたすけ給へと日蓮が控《ひか》うればこそ、

今までは安穏《あんのん》にありつれども、法に過《す》ぐれば罰《ばち》あたりぬるなり」と。

いわんや第三度の諫暁のおり、大聖人は平左衛門に対し「今《こ》年《とし》は一定《いちじょう》」と仰せられ、さらに「大蒙古を調伏《ちょうぶく》せん事、真言師には仰せ付けらるべからず」と強く誡め給うている。しかるに幕府は、真言師の阿弥陀堂法印《あみだどうほういん》を祈雨《きう》に用いたのであった。

まさに「法に過ぐれば罰あたりぬるなり」と。ここにおいて梵天《ぼんてん》・帝釈《たいしゃく》・日月《にちがつ》・四天《してん》等の諸天は、隣国の賢王《けんのう》をして治《じ》罰《ばつ》の兵を日本に発向《はっこう》せしめたのであった。

軍船、海を蔽《おお》う

文永十一年十月五日、蒙古の軍船《ぐんせん》は対馬《つしま》の沖に襲来した。その数九百余隻《せき》、軍兵は二万五千余人。海上を蔽《おお》うおびただしい軍船に守護の兵士は肝を潰《つぶ》した。

「よも今年は過ごし候はじ」との御断言はついに事実となったのである。日寛上人はこの感慨《かんがい》を撰時抄文段に

「三度の兼知《けんち》・毫末《ごうまつ》も差《たが》わず、あに大聖人に非《あら》ずや。佐渡御書に云く『現世に云をく言《ことば》の違《たが》はざらん

蒙古襲来以後博多に築かれた防塁

火器を用いて日本軍を苦しめる蒙古軍

をもて、後生《ごしょう》の疑《うたがい》をなすべからず』等云々。此において暫時《ざんじ》筆を擱《お》いて紅涙《こうるい》白紙《はくし》を点《てん》ず」と仰せられている。

迎え討つ日本軍はその数一万、総大将は筑前《ちくぜん》守護《しゅご》の少弐《しょうに》景資《かげすけ》。兵士たちは死力を尽くして戦ったが、なにせ蒙古軍は世界を侵略してきた強者《つわもの》である。その戦法は集団、そして武器は日本軍が見たこともない火薬。この勝手の違う強敵に、日本軍は敗退に敗退を重ねざるを得なかった。そのさまを大聖人は

「同十月に大蒙古国寄《よ》せて、壱岐《いき》・対馬《つしま》の二箇国を打ち取らるるのみならず、太宰府《だざいふ》もやぶられて少弐《しょうに》入道・大友《おおとも》等、聞き逃げに逃げ、其の外の兵者《つわもの》ども其の事ともなく大体打たれぬ。又今度寄せくるならば、いかにも此の国弱々《よわよわ》と見ゆるなり」（下種本仏成道御書）

また

「壱岐《いき》・対馬《つしま》・九《く》ヶ国《こく》の兵者《つわもの》並びに男女、多く或は殺され、或は捕《とら》はれ、或は海に入り、或はがけより落ちしもの幾千万と云う事なし」（乙御前御消息）と。

もし二万五千余の大軍が陣容を整え本格的侵攻を開始したら、壱岐・対馬の惨状《さんじょう》はたちまち九州全土に及んだことであろう。しかし蒙古軍はどうしたことか、十月二十日全軍がいったん軍船に引き揚《あ》げた。

そしてその夜半、大暴風雨があった。かくて軍船は破損し、蒙古軍は本土に撤退《てったい》したのであった。まことに諸天の働きによる責《せ》めの姿に、ただ不思議を感ずる。

この蒙古の侵略は日本国上下を震撼《しんかん》させた。蒙古の実力が骨身に徹《てつ》したのである。〝もし再度の襲来があったら、その時はどうなるか〟幕府首脳をはじめ人々の怯《おび》えはそこにあった。

襲来の翌年の乙御前《おとごぜん》御消息《ごしょうそく》において、大聖人は次のごとく仰せられている。

「当世の人人の、蒙古国を見ざりし時の驕《おごり》は御覧《ごらん》ありしやうに限りもなかりしぞかし。去年《こぞ》の十月よりは一人も驕《おご》る者なし。きこしめししやうに、日蓮一人計《ばか》りこそ申せしが、寄《よ》せてだに来《きた》る程ならば、面《おもて》を合《あわ》する人もあるべからず。但《ただ》さるの犬を恐れ、蛙《かえる》の蛇を恐るるが如くなるべし。是れ偏《ひとえ》に釈迦仏の御使《おんつか》いたる法華経の行者を、一切の真言師・念仏者・律僧等ににくませて、我《われ》と損じ、ことさらに天のにくまれを蒙《かお》れる国なる故に、皆人、臆病《おくびょう》になれるなり」と。

蒙古襲来の意義

この蒙古襲来は、大聖人の一代御化導の上にどのような意義を持つのであろうか。諸抄を拝しこれを案ずるに、二つの意義がある。

一つには、この事により日蓮大聖人こそ末法一人《いちにん》の御本仏なることを顕わし、二つには日本国一同に改悔《かいげ》を起こさしめ無間地獄《むげんじごく》の大苦を救い給うのである。

一について云えば、蒙古の襲来は諸天の働きによる。諸天は大聖人が末法一人の御本仏なるゆえ守護し奉るのである。三度の諫暁ののち、響《ひび》きの声に応ずるように蒙古の責《せ》めがあったことこそ、大聖人が御本仏なることを実証するものである。

ゆえに聖人知三世事《しょうにんちさんぜのこと》に云く

「後五百歳《ごごひゃくさい》には誰人《たれびと》を以て法華経の行者と之《これ》を知る可《べ》きや。予《よ》は未だ我が智慧を信ぜず、然りと雖《いえど》も自他《じた》の返逆《ほんぎゃく》・侵逼《しんぴつ》、之《これ》を以て我が智を信ず。敢《あえ》て他人の為に非《あら》ず、又我が弟子等之《これ》を存知《ぞんち》せよ。日蓮は是《こ》れ法華経の行者なり」

「日蓮は一閻浮提《いちえんぶだい》第一の聖人なり。上一人《かみいちにん》より下万民《しもばんみん》に至るまで、之《これ》を軽毀《きょうき》して刀杖《とうじょう》を加え流罪《るざい》に処《しょ》するが故に、梵《ぼん》と釈《しゃく》と日月《にちがつ》・四天《してん》と、隣国《りんごく》に仰せ付けて之を逼責《ひっせき》するなり」と。

また法蓮抄《ほうれんしょう》に云く

「経文に云く、聖人去る時は七難必ず起らん等云々。当《まさ》に知るべし、此の国に大聖人有りと。又知るべし、彼《か》の聖人を国主信ぜずと云うことを」と。

以上の御文中において「法華経の行者」「一閻浮提第一の聖人」「大聖人」等の仰せは、すべて末法下種の御本仏を意味する。まさしく蒙古の襲来を以て、この御境界を諸人に知らしめ給うたのである。

二について云えば、大聖人の最も不憫《ふびん》とおぼされるのは、日本国の一切衆生が謗法《ほうぼう》により無間地獄《むげんじごく》に堕《お》ちることである。この無数劫《むしゅこう》にわたる大苦に比べれば、今生のあらゆる苦は小苦に過ぎない。もし蒙古の責めがなければ、日本の上下はますます大聖人を誹《そし》り南無妙法蓮華経を謗《ぼう》じるであろう。ここに蒙古の責《せ》めを以て改悔《かいげ》を生ぜしめ、無間《むげん》地獄の大苦を救い給うたのである。これこそ大慈悲の至りである。

ゆえに王舎城事《おうしゃじょうのこと》に云く

「法華経の敵《かたき》となりし人をば、梵天《ぼんてん》・帝釈《たいしゃく》・日月《にちがつ》・四天罰《してんばっ》し給いて、皆人に見懲《みこり》させ給へと申しつけて候。日蓮法華経の行者にてあるなしは是《これ》にて御覧あるべし。かう申せば、国主等は此の法師の威《おど》すと思へるか。あへてにくみては申さず。大慈大悲の力、無間地獄の大苦を今生《こんじょう》に消《け》さしめんとなり。章安大《しょうあんだい》師《し》云く、彼が為に悪を除くは即ち是《こ》れ彼が親《おや》なり等云々。かう申すは国主の父母、一切衆生の師匠なり」

また異体同心事《いたいどうしんのこと》に云く

「蒙古の事、すでに近《ちか》づきて候か。我国の亡《ほろ》びん事はあさましけれども、これだにも虚事《そらごと》になるならば、日本国の人々いよいよ法華経を謗《ぼう》じて万人《ばんにん》無間地獄に堕《お》つべし。彼《かれ》だにもつよるならば、国は亡ぶとも謗法《ほうぼう》はうすくなりなん。譬《たと》へば灸治《やいと》をして病《やまい》をいやし、針治《はりたて》にて人を治《なお》すがごとし。当時は歎《なげ》くとも後《のち》は悦《よろこ》びなり」と。

以上を以て、御本仏の大慈大悲を深く拝すべきである。

第十四章　出世の本懐

熱原の法難

大聖人が身延に御入山されてから、大法弘通の先陣に立たれたのは、若き日興上人《にっこうしょうにん》であられた。日興上人の入門は正嘉《しょうか》二年。大聖人が立正安国論御述作のため岩本の実相寺に籠《こも》られ一切経を閲覧《えつらん》されている時、給仕に当ったのが機縁で、大聖人の御徳を慕《した》い御弟子となられた。時に十三歳であられた。以来日興上人は寸時も大聖人のおそばを離れることなく、影の形にそうがごとく付き随って給仕されている。伊豆流罪の時も御供して薪水《しんすい》の労をとり、そのかたわら伊豆の各地に折伏を進められた。

また佐渡御流罪のおりもそばにあって大聖人を御守護申し上げ、佐渡中を折伏教化せられている。

その、大聖人への奉仕の不退《ふたい》と信行の熱烈さは、門下において他の諸弟の遠く及ぶところではなかった。

身延《みのぶ》の地頭・波木井《はきり》実長《さねなが》を教化《きょうけ》して、大聖人をこの山に御案内されたのも日興上人である。そして身延に草庵《そうあん》なるを見届けるや、休む間もなく、猛然と本格的弘通に立たれたのであった。

日興上人の弘通は、富士南麓《なんろく》にその主力を注がれている。この地は上人の生誕《しょうたん》の地、そして未来に本門戒壇が立てられるべき仏法有縁《うえん》の国土である。

四十九院申状

上人は縁をたどって、富士南麓《なんろく》の上野《うえの》・西山《にしやま》・重須《おもんす》・蒲原《かんばら》・賀島《かじま》・松野《まつの》・興津《おきつ》へと弘通を進められた。

ことに幼少時代に修学された四十九院《しじゅうくいん》や実相寺《じっそうじ》には、長く逗留《とうりゅう》して寺内の僧侶を折伏された。

この岩本・実相寺や四十九院は天台宗の寺で、広大な寺域があり、自らの田畑を持って居住することが出来たのである。

これらの寺では、まず実相寺において筑前房《ちくぜんぼう》・豊前房《ぶぜんぼう》が、また四十九院では賢秀《けんしゅう》・承賢《しょうけん》等の住僧《じゅうそう》が相《あい》次《つ》いで入信し、さらに信徒も多数帰依《きえ》した。

この折伏を見て、実相寺の院主・道暁《どうぎょう》、四十九院の寺務《じむ》・二位律師《にいりっし》厳誉《ごんよ》は反感を懐《いだ》き、ことに四十九院の厳誉《ごんよ》は

「四十九院の内、日蓮が弟子等居住《こじゅう》せしむるの由《よし》、その聞えあり。彼の党類《とうるい》、仏法を学しながら外道《げどう》の教《きょう》に同《どう》じ、……大衆等評定《ひょうじょう》せしめ、寺内に住せしむべからず」

と云って幕府に訴え、日興上人はじめ日持《にちじ》・日源《にちげん》・日位《にちい》等を住坊より追い出し、田畑まで奪い取った。これに対し、日興上人は大聖人の御指南を仰ぎ、幕府に申状を呈上《ていじょう》された。これが有名な「四十九院《しじゅうくいん》申状《もうしじょう》」である。

滝泉寺に弘通

岩本実相寺の東一里ほどに熱原《あつわら》の郷《ごう》がある。そしてその南部に、天台宗の滝泉寺《りゅうせんじ》という巨刹《きょさつ》（大きな寺）があった。日興上人はここにも熱烈な弘通を進められた。

この寺を取り仕切《しき》っていたのが、院主代の平左近入道行智《へいのさこんにゅうどうぎょうち》という破戒僧《はかいそう》であった。この男は鎌倉幕府の平左衛門尉頼綱《へいのさえもんのじょうよりつな》の一族で、その縁故により無智無才の入道でありながら、巨刹《きょさつ》の滝泉寺の院《いん》主代《しゅだい》に納まっていたのである。

この行智の破戒ぶりは凄《すさま》じかった。付近の百姓を集めては鶉狩《うずらが》り、狸殺《たぬきごろ》し、鹿狩《しかが》りなどをさせ、さらに寺中の池に毒を流して魚を取り、これを売っては酒に換《か》え、酒宴《しゅえん》を張るというのが日常であった。

富士・熱原地方

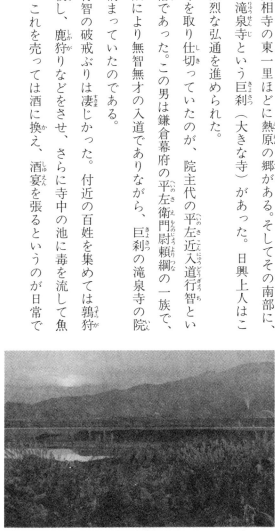

滝泉寺は巨刹《きょさつ》であるから多くの寺僧がいる。この中から、日興上人の教化にふれて入信する道念の者が次々と現われたのである。

まず建治元年ごろ、下野房《しもつけぼう》・越後房《えちごぼう》・少輔房《しょうぼう》、そして三河房頼円《みかわぼうらいえん》等が入信した。大聖人はこれらの道念を嘉《よみ》して、下野房《しもつけ》には日秀《にっしゅう》、越後房《えちごぼう》には日弁《にちべん》、少輔房《しょうぼう》には日禅《にちぜん》の法号を与えられた。

寺内で学僧が相次《あいつ》いで入信するのを見て、行智《ぎょうち》は大いに驚き、さっそく迫害を始めた。彼は

〝法華経は国主が不信用の法である。よって速《すみや》かにその読誦《どくじゅ》をやめ、念仏を唱えるとの起請文《きしょうもん》を書け、さもなくば住坊より追放する〟

と迫った。この威《おど》しにより三河房頼円は云われるままに起請文《きしょうもん》を書き退転したが、日秀・日弁・日禅の三人は断固拒絶し、かえって行智に対し

〝この滝泉寺は本来天台・伝教の流れを汲《く》む法華経の寺である。ゆえに念仏等の邪法を捨て法華経に帰するに、何の不都合《ふつごう》があろうか〟

と教訓し、住坊を追放された。しかし日秀・日弁等はなお広大の寺域に仮寓《かぐう》して、ますます折伏弘通に励んだのであった。

神四郎等の入信

日興上人は日秀・日弁等を励まし、自ら法戦の陣頭に立たれた。ために行智の迫害にもかかわらず、

三大秘法の信行はこの地にいよいよ燃え盛《さか》った。

弘安《こうあん》元年、熱原郷《あつわらごう》の農民である神四郎《じんしろう》・弥五郎《やごろう》・弥六郎《やろくろう》の三兄弟が、日秀・日弁の手引きにより入信した。宿縁なるかな、この三人は日興上人の御説法を拝聴《はいちょう》するや、一筋に日蓮大聖人を御本仏と信じまいらせ、たちまち身命も惜まぬ熱烈の信心に住した。

地元の農民に厚い信頼のあるこの三人の入信により、熱原地方に大法弘通の火の手があがった。やがて神四郎《じんしろう》を中心とするこの信徒の一団は「法華講衆《ほっけこうしゅう》」と名乗った。

行智の奸策

かくて熱原地方の弘通が日ごとに熱を帯び、その信心いよいよ強盛となるに随《したが》い、行智の苛立《いらだ》ちと怨嫉《おんしつ》は強まった。

彼は、もはや官憲《かんけん》の力をかりて法華講衆の信心を禁圧《きんあつ》する以外なしと考え、まず同地方（下方庄《しもかたしょう》）の政所《まんどころ》の代官と意を通じ結託《けったく》した。

次いで法華講衆を内部から切り崩さんと、入信まもない太田親昌《おおたのちかまさ》・長崎時綱《ながさきのときつな》等の武士に近づき、これを退転させて味方に引き入れた。

彼がさらに目をつけたのが、大進房《だいしんぼう》と三位房《さんみぼう》の二人であった。この二人は、大聖人が日興上人の応援のためにと熱原地方に派遣《はけん》された僧侶であった。入門は日興上人より旧《ふる》い。しかし名利《みょうり》に流されがちな二人は、熱原地方において日興上人の信望が絶大なるを見てねたみを懐《いだ》き、その下風《かふう》に立つことを潔《いさぎよし》としなかった。行智はこの信心の隙《すき》につけこみ、甘言《かんげん》を以て籠絡《ろうらく》したのである。あろうことか、二人は大聖人に反逆し、謗法者の側に付いたのであった。

行智はさらに、神四郎の実兄・弥藤次《やとうじ》が、弟たちの信仰に反感を懐《いだ》いているのを知り、これも誘惑《ゆうわく》して配下《はいか》に引き入れた。

ここに、権力を背景にした強大なる正法敵対の怨嫉《おんしつ》組織《そしき》が、熱原地方に作られたのであった。

法難の前ぶれ

行智は胸にいだく奸策《かんさく》を着々と進めた。弘安二年四月八日、三日市《みっかいち》で流鏑馬《やぶさめ》の行事が行われたが、この雑踏《ざっとう》にまぎれて何者かが、法華講衆の一人・四郎《しろう》男に刃傷《にんじょう》を加えた。

続いて八月には、同じく信徒の一人弥四郎《やしろう》男が、何者かによって殺害されるという事件が起きた。いずれも、法華講衆に恐怖を与えんとする行智の策謀《さくぼう》であった。

だがこのような威《おど》しも、神四郎らの堅固な信心には通用しなかった。法華講衆の大聖人に南無《なむ》（帰命）し奉る信心はいよいよ堅く、異体同心《いたいどうしん》の団結はますます強《つよ》るばかりであった。

この弘安二年の八月六日、大聖人は富士地方の一有力信徒に、日興上人を中心とする熱原の法華講衆のみごとな異体同心を賞歎《しょうたん》する御消息《ごしょうそく》を送られている。すなわち「異体同心事《いたいどうしんのこと》」である。御文中「伯耆《ほうき》房《ぼう》」とは日興上人、「佐《さ》渡《ど》房《ぼう》」とは日興上人の応援に派《は》遣《けん》された民《みん》部《ぶ》日《に》向《こう》のことである。

「伯《ほう》耆《き》房《ぼう》・佐《さ》渡《ど》房《ぼう》の事、熱《あつ》原《わら》の者どもの御心ざし、異《い》体《たい》同《どう》心《しん》なれば万《ばん》事《じ》を成《じょう》じ、同《どう》体《たい》異《い》心《しん》なれば諸事叶《かな》う事なしと申す事は、外《げ》典《てん》三千余巻に定《さだま》りて候。……日本国の人々は多《た》人《にん》なれども、同体異心なれば諸事成《じょう》ぜん事かたし。日蓮が一《いち》類《るい》は異体同心なれば、人々すくなく候へども大事を成《じょう》じて一《いち》定《じょう》法華経ひろまりなんと覚《おぼ》へ候。悪は多けれども一善に勝つ事なし」と。

法華講衆を捕縛

弘安二年九月二十一日、この日は日秀の田の稲刈りの日であった。神四郎をはじめ法華講衆の一同はその稲刈りを手伝うべく、日秀の田に集って来た。

行智は兼《か》ねてからこの機会を狙《ねら》っていた。報《しら》せを聞くや彼は、法華講衆を一《いち》網《もう》打《だ》尽《じん》にするはこの時とばかり、さっそく政《まん》所《どころ》の役人に通報すると共に、太田親《ちか》昌《まさ》・長崎時《とき》綱《つな》らの武士どもを狩《か》り集め、さらに大進房・弥《や》藤《とう》次《じ》までも加えた総勢で、大挙して法華講衆を襲った。

彼等はいずれも馬に乗り、弓《ゆみ》矢《や》・刀《とう》剣《けん》を以て法華講衆を傷《きず》つけ、あるいは打《ちょう》擲《ちゃく》したうえ、ついに二十人を捕《ほ》縛《ばく》して政《まん》所《どころ》に引っ立てた。

大進房等の落馬

だがこの捕縛《ほばく》に当って、どうしたことか、日頃から武士として乗馬には練達しているはずの太田親昌・長崎時綱の二人が、なんと落馬して絶命《ぜつめい》したのである。

それだけではない。同じく馬に乗って法華講衆を追い廻わしていた反逆の悪侶《あくりょ》・大進房も、落馬してその場で悶死《もんし》。また三位房《さんみぼう》も不慮《ふりょ》の横死《おうし》を遂げたのであった。まさに大謗法の現罰《げんばち》である。

行智、法華講衆を告訴

しかし物に狂う行智は、恐れげもなくさらに悪計を進めた。弥藤次《やとうじ》の名を以て、捕縛《ほばく》した二十人を鎌倉の問注所《もんちゅうしょ》に告訴《こくそ》したのであった。

その罪状とは

「今月二十一日、数多《あまた》の人勢《にんぜい》を催《もよお》し、弓箭《きゅうせん》を帯《たい》し、院主分《いんしゅぶん》の御坊内《ごぼうない》に打ち入り、下野房《しもつけぼう》は乗馬相具《あいぐ》し、熱原の百姓・紀次郎《きじろう》男点札《たてふだ》を立て、作毛《さくもう》を苅《か》り取り、日秀の住房《じゅうぼう》に取り入れ畢《おわ》んぬ」（滝泉寺申状）と。

日秀以下熱原の農民が、武器をたずさえ大挙して院主の領有する田に入り、稲を盗み取って日秀の住房に運びこんだというのである。不実も不実、全く逆のことを申し立てたのであった。

しかもこの告訴人は、神四郎《じんしろう》らの長兄の弥藤次《やとうじ》、実の兄を以て弟らを訴えさせる、この奸計《かんけい》こそ、行智が前々からたくらんでいたことであった。

門下一同への教令

神四郎ら二十人は、その日のうちに鎌倉へ押送《おうそう》された。

日興上人は直ちにこのことを身延の大聖人に御報告申し上げた。

大聖人はこの大法難を即《そく》我が身の法難、門下一同の法難とおぼされ、十月一日、一通の御書を鎌倉の四条金吾にあて、全門下への教令《きょうれい》とされた。すなわち「出世本懐成就御書」である。

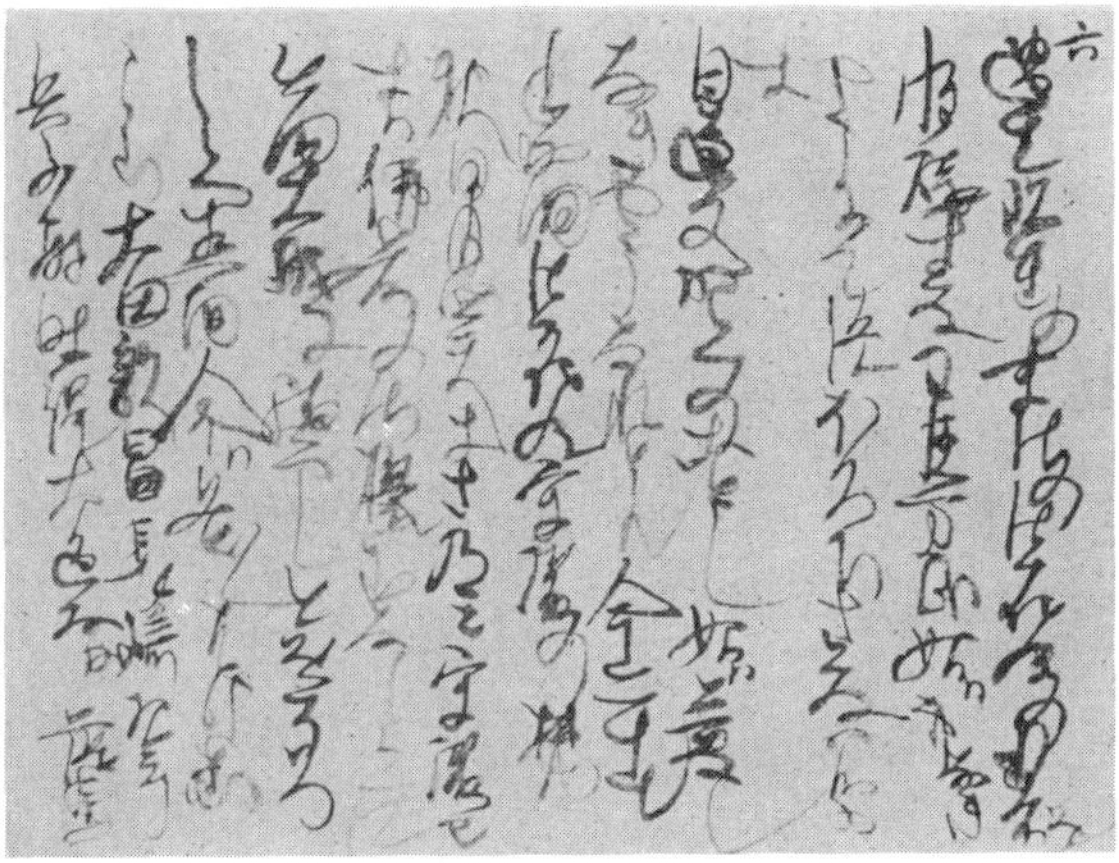

「出世本懐成就御書」（御真蹟）

この御書は冒頭《ぼうとう》に、大聖人の本懐成就《ほんがいじょうじゅ》がまさしく「弘安二年」にあるとの重大事を宣示《せんじ》されたのち、流罪・死罪の大難を身に読まれた大聖人こそ釈尊予言の末法の本仏なることを示され、さらに門下一同に不退の信心を次のごとく励まされている。

「過去・現在の末法の法華経の行者を軽賤《きょうせん》する王臣万民《おうしんばんみん》、始めは事《こと》なきやうにて終《つい》にほろびざるは候はず。日蓮又かくのごとし。始めはしるしなきやうなれども、今二十七年が間、法華経守護の梵釈《ぼんしゃく》・日月《にちがつ》・四天《してん》等、さのみ守護せずば仏前《ぶつぜん》の御誓《ちかい》むなしくて無間大城《むげんだいじょう》に堕《お》つべしとおそろしく想《おも》う間、今は各々はげむらむ。太田親昌《おおたのちかまさ》・長崎次郎兵衛尉時綱《ろうひょうえのじょうときつな》・大進房が落馬等は法華経の罰《ばち》のあらわるるか。罰は総罰《そうばち》・別罰《べちばち》・顕罰《けんばち》・冥罰《みょうばち》の四《よつ》候。日本国の大疫病《だいやくびょう》と大けかちと同士討《どしうち》と他国よりせめらるゝは総罰なり。疫病《やくびょう》は冥罰《みょうばち》なり。太田等は現罰なり、別罰なり。各々師子王《ししおう》の心を取り出して、いかに人威《おど》すとも怖《お》づる事なかれ。師子王は百獣《ひゃくじゅう》に怖《お》ぢず、師子の子又かくのごとし。彼等は野干《やかん》の吼《ほう》るなり、日蓮が一門は師子の吼《ほう》るなり。……彼の熱原《あつはら》の愚癡《ぐち》の者ども云ゐ励《はげ》まして落《おと》す事なかれ。彼等にはただ一円に思い切れ、善《よ》からんは不思議、悪からんは一定《いちじょう》と思へ。ひだるしと思わば餓鬼道を教《おし》へよ、寒しといわば八寒地獄を教へよ、恐ろししと云わば鷹《たか》にあへる雉《きじ》、猫にあへるねずみを他人と思う事なかれ」と。

この大法難を、大聖人がいかに重視しておられたか、よく拝することが出来よう。

一方、日興上人は行智の虚偽《きょぎ》でかためた訴状《そじょう》を入手するや、身延に急行して大聖人に謁《えっ》した。大聖人は直ちに行智の不実《ふじつ》の訴えを破し彼を改易《かいえき》（罷免《ひめん》）すべき旨を大旨とする申状を認《したた》められた。この筆旨《ひっし》に日興上人が細目を加えて清書し、鎌倉の問注所に提出したのが「滝泉寺申状《りゅうせんじもうしじょう》」である。

一心欲見仏・不自惜身命

神四郎ら二十人の取り調べは鎌倉で始められた。この取り調べに当ったのが誰あろう、かの平左衛門《へいのさえもんの》

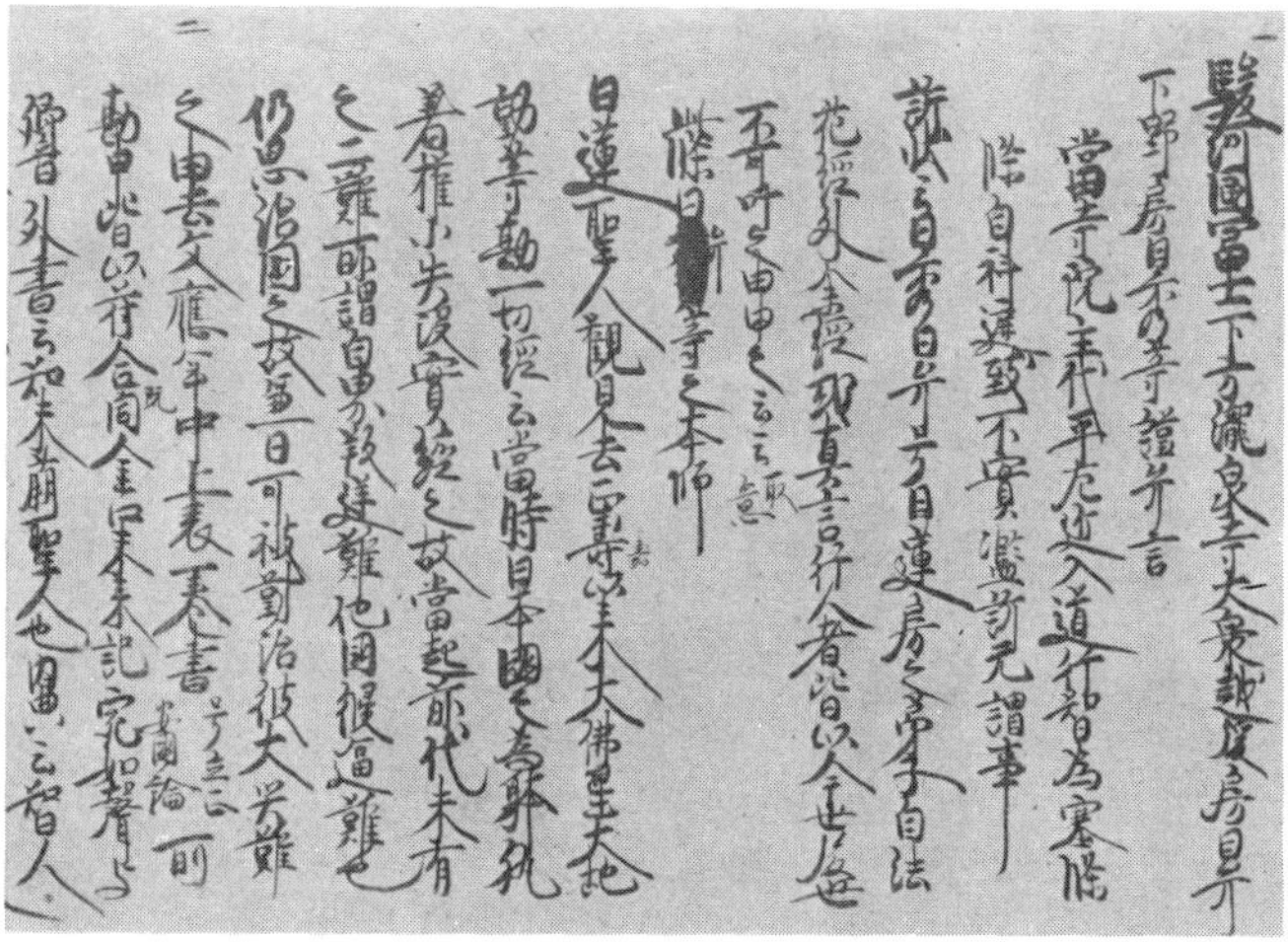

「滝泉寺申状」の草案（大聖人御真蹟）

尉頼綱《じょうよりつな》であった。

頼綱は自らの私邸を法廷として、搦《から》めとった二十人をその庭に引きすえると、自ら糺問《きゅうもん》を開始した。彼の糺問は行智の挙《あ》げた罪状などには眼もくれず、もっぱら法華講衆に対し〃信仰を捨てよ〃と威《おど》すにあった。

日蓮大聖人の御威徳には歯が立たぬことを知れば知るほど、己《おの》れの権威で百姓らを退転させ、大聖人の信仰を辱《はずかし》めんと試《こころ》みたのである。

中世・鎌倉時代は、身分の差の大きい武士中心の社会である。〃泣く子と地頭《じとう》には勝てぬ〃という諺《ことわざ》のごとく、農民は地頭に対しては絶対服従あるのみ。そしてその地頭すら、当時幕府の実力者・平左衛門に対しては恐れを懐《いだ》いていた。いわんや農民においておやである。恐らく普通の農民なら平左衛門と眼を合わせただけで縮み上がり、生きた心地もしなかったであろう。

庭に引きすえた二十人に対し、平左衛門は威圧的に申し渡した。

「汝等《なんじら》、法華経を捨てて念仏を唱えよ。そして謝罪状《しゃざいじょう》を書け。されば郷里に帰《かえ》すであろう。さもなくばその頸《くび》を刎《は》ねん」と。

一も二もなく百姓らは恐れ畏《かしこ》み、平伏するとばかり彼は思った。

だが、——中世の常識は覆《くつがえ》ったのである。

神四郎・弥五郎・弥六郎を中心とする二十人は、自若《じじゃく》として臆《おく》せず、一死を賭《と》して「南無妙法蓮華経」と唱え、以て答えに替《か》えたのであった。

法華講衆の死をも恐れぬ気魄《きはく》に、平左衛門は顔色を失った。この時彼の脳裏に浮んだのは、文永八年九月十二日松葉《まつば》ヶ谷《やつ》の草庵《そうあん》における大聖人の師子王のごとき御気魄だったに違いない。

気圧《けお》された思いは、やがて憤怒《ふんぬ》に変《かわ》った。彼はかたわらに控えていた次男の飯沼判官《いいぬまほうがん》に命じ、蟇目《ひきめ》の矢を射《い》させた。「蟇目《ひきめ》」とは、くりぬいた桐材《きりざい》をやじりとした鏑矢《かぶらや》で、射《い》ると「ヒュー、ヒュー」と鳴って悪魔退散に効《こう》ありと当時いわれた矢である。

法華講衆を責めるは十三歳の飯沼判官《いいぬまほうがん》。矢は容赦《ようしゃ》なく一人一人を嘖《さいな》んだ。

平左衛門は一人一人に「念仏を唱えよ」と居丈高《いたけだか》に責め立てた。

しかし、一人として退する者はなかった。かえって、一矢《いっし》当るごとに唱題の声は高まり庭内に満ちた。

法華講衆はただ「一心に仏を見たてまつらんと欲して、自ら身命を惜まず」の大信心に住していた。

あまりのことに平左衛門は驚き、狂気《きょうき》の形相《ぎょうそう》を以て神四郎・弥五郎・弥六郎の三人を引き出した。そしてついに、……その頸《くび》を刎《は》ねたのであった。

「本門戒壇の大御本尊」建立

日興上人はこのことを直ちに身延の大聖人に急報申し上げた。

大聖人は深く深く御感《ぎょかん》あそばされ、神四郎等法華講衆を「願主《がんしゅ》」として、御一代の最大事たる「本門戒壇の大御本尊」を、堅牢《けんろう》なる楠《くすのき》の厚き板に図顕《ずけん》・建立あそばされた。時に弘安二年十月十二日、聖寿《せいじゅ》五十八歳であられた。この大御本尊こそ大聖人の出世の御本懐、広宣流布の暁の「本門戒壇」に安置さるべき、全人類総与《そうよ》の大御本尊であられる。恐れ多しといえども、謹んでこの大御本尊の脇書《わきがき》を拝し奉るに、その大《おお》いなる御判形《ごはんぎょう》の直下《ちょっか》に、次のごとき御文字を拝する。

> 右為現当二世
> 造立如件
> 本門戒壇也
> 願主弥四郎国重
> 法華講衆等敬白
> 弘安二年十月十二日

右《みぎ》現当《げんとう》二世《にせい》の為《ため》
造立《ぞうりゅう》件《くだん》の如《ごと》し
本門《ほんもん》戒壇《かいだん》なり
願主《がんしゅ》・弥四郎《やしろう》国重《くにしげ》
法華《ほっけ》講衆《こうしゅう》等《とう》敬白《けいびゃく》
弘安《こうあん》二年十月十二日

神四郎《じんしろう》・弥五郎《やごろう》・弥六郎《やろくろう》の三人は、異体同心《いたいどうしん》であればまさに三人にして一人。この三人、大聖人の己心《こしん》に住し給いて一人の「弥四郎国重《やしろうくにしげ》」となり、いま「本門戒壇の大御本尊」の願主《がんしゅ》となり給うたのである。

およそ、仏が本懐の大法を説かんとする時には、必ず「願主」がある。釈尊が法華経の会座《えざ》で寿量品を説かんとした時には、弥勒菩薩《みろくぼさつ》が願主となり、「唯願説之《ゆいがんせっし》」（唯願《ただねが》わくは之《これ》を説きたまえ）と繰《く》り返し釈迦仏に願い奉った。

いま末法の御本仏が出世の本懐を遂げ給う時、願主が出現せぬ道理があろうか。この願主こそ「一心《いっしん》欲見仏《よっけんぶつ》・不自惜身命《ふじしゃくしんみょう》」を身で読み奉った法華講衆であった。

これまでの法難は、すべて大聖人御一人が身に受け給う大難であった。しかしこの熱原の法難において、始めて信徒が法難を受け、しかも大聖人の御意《ぎょい》に叶《かな》う振舞《ふるま》いをなしたのである。

大聖人は曽《か》って十一通申状の時、門下一同に

「権威《けんい》を恐るること莫《なか》れ、今度生死《こんどしょうじ》の縛《ばく》を切って仏果を遂《と》げしめ給え」（弟子檀那中御状）

と仰せられ、さらに

「各々《おのおの》思い切り給へ。此の身を法華経に替《か》うるは石に金《こがね》を替《か》へ、糞《ふん》に米を替《か》うるなり。……わづかの

小島《おじま》の主《ぬし》らが威《おど》さんを怖《おじ》ては、閻魔王《えんまおう》の責《せ》めをばいかんがすべき。仏の御使《おんつかい》と名乗りながら臆《おく》せんは無《む》下《げ》の人々なり」（下種本仏成道御書）と。

また佐渡からは弟子一同に

「身命《しんみょう》に過ぎたる惜《お》しき者のなければ、是《これ》を布施《ふせ》として仏法を習へば必ず仏となる。……世間の浅き事には身命を失へども、大事の仏法なんどには捨《す》る事難《がた》し。故に仏になる人もなかるべし」（佐渡御書）と。

さらに如説修行抄《にょせつしゅぎょうしょう》では

「一期《いちご》を過《す》ぐる事程《ほど》も無ければ、いかに強敵重《ごうてきかさ》なるともゆめゆめ退《たい》する心なかれ、恐るる心なかれ。縦《たと》ひ頸《くび》をば鋸《のこぎり》にて引き切り、胴をば菱鉾《ひしほこ》を以てつつき、足にはほだしを打って錐《きり》を以てもむとも、命のかよはんほどは南無妙法蓮華経・南無妙法蓮華経と唱へて、唱へ死《じに》に死ぬるならば、釈迦・多宝・十方の諸仏、霊山会上《りょうぜんえじょう》にして御契《おんちぎり》の約束なれば、乃至《ないし》我等を守護して慥《たし》かに寂光《じゃっこう》の宝刹《ほうせつ》へ送り給うべきなり。あらうれしや、あらうれしや」

と、身命を惜しまぬ信心に立って仏果を遂げることを勧誡《かんかい》下された。

いま、この御指南を身を以って読み奉ったのが、熱原の法華講衆であった。この所行《しょぎょう》はとうてい凡夫のなせるわざではない。名もなき農民が天下の権威を恐れず、身命を惜まなかったのは、ただ大聖人の師子王心によく同心《どうしん》し奉ったゆえである。出世本懐成就御書の「師子王《ししおう》は百《ひゃく》

総本山大石寺にある「熱原三烈士」の墓と記念碑

獣《じゅう》に怖《お》ぢず、師子の子又かくのごとし」とはこれである。

名もなき農民の集団が、大聖人の師子王心に同心し奉る。この異体同心こそ、未来事《じ》の広宣流布の瑞相《ずいそう》、国立戒壇建立の先序《せんじょ》でなくて何であろうか。ここにおいて大聖人は神四郎等法華講衆を「本門戒壇の大御本尊」の願主とし給うたのである。

思うに、熱原の法華講衆は弘安元年の入信、この大法難までわずか一年であった。しかも未だ大聖人にお値《あ》いする機会も得ていない。しかるにかくのごとく御聖意に叶《かな》う御奉公を貫き通したこと、その宿縁の深厚《じんこう》さに、ただ驚歎《きょうたん》せざるを得ない。

大聖人がいよいよ出世の本懐を遂げんとおぼされた弘安年中に至って、血脈付法《けちみゃくふほう》の人《にん》日興上人の弘通により、本国土《ほんこくど》の富士地方に、かかる不惜身命《ふしゃくしんみょう》の集団が忽然《こつねん》と出現したことは、まさに御本仏の仏力の然《しか》らしむるところと、伏して拝するのみである。

「余は二十七年なり」

出世の本懐成就について、大聖人は「出世本懐成就御書」に次のごとく仰せられている。

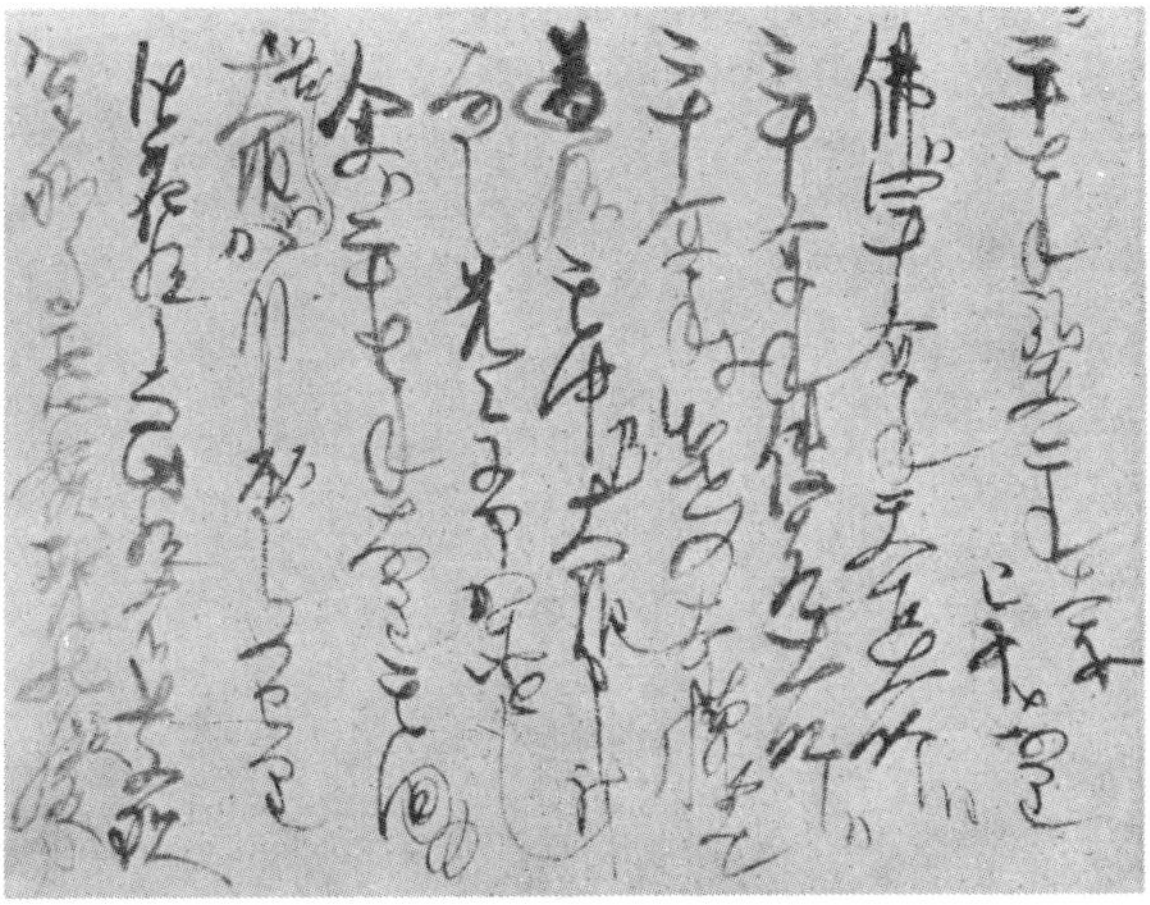

「出世本懐成就御書」（御真蹟）

「去《い》ぬる建長《けんちょう》五年太歳癸丑四月二十八日に、安房《あわ》の国・長狭郡《ながさごおり》の内・東条《とうじょう》の郷《ごう》、今は郡《こおり》なり。乃至《ないし》、此の郡《こおり》の内、清澄寺《きよずみでら》と申す寺の諸仏坊《しょぶつぼう》の持仏堂《じぶつどう》の南面にして、午《うま》の時に此の法門申しはじめて今に二十七年、弘安《こうあん》二年太歳己卯なり。仏は四十余年《しじゅうよねん》、天台大師は三十余年、伝教大師は二十余年に出世の本懐を遂《と》げ給う。其の中の大難申す計《ばか》りなし、先々《さきざき》に申すが如し。余は二十七年なり。其《そ》の間《かん》の大難は各々《おのおの》かつしろしめせり」と。

「仏は四十余年」とは、釈尊が説法開始より四十余年のちに出世の本懐たる法華経を説いたこと。また「天台大師は三十余年」とは、究竟《くきょう》の極説《ごくせつ》・摩訶止観《まかしかん》を説いたことを指し、「伝教大師は二十余年」とは迹門の戒壇建立を意味する。

このように釈迦仏・天台・伝教の三聖が、それぞれ大難を経《へ》たのち出世の本懐を遂《と》げられたことを例として、いま末法下種の本仏・日蓮大聖人の出世の本懐成就を、立宗より二十七年目の「弘安二年」と、宣示顕説《せんじけんぜつ》されたのである。これまさしく、弘安二年十月十二日御図顕《ごずけん》の「本門戒壇の大御本尊」を仰せ給うたのである。

佐渡以後、大聖人は強信《ごうしん》・有縁《うえん》の弟子に、御本尊を授与し給うている。その数は現存するもので百数十幅《ぷく》に及ぶ。しかしこれらの御本尊はすべて個人への授与、一機一縁《いっきいちえん》のための御本尊である。

弘安二年の「本門戒壇の大御本尊」は、全世界の一切衆生に総じて授与し給うた御本尊で、広宣流布の暁には国立戒壇に奉安《ほうあん》さるべき大御本尊である。

大聖人の究極《きゅうきょく》の御願業《ごがんぎょう》は、本門戒壇を建立して日本および全世界を仏国となすところにある。されば、その本門戒壇に安置し奉るべき大御本尊の建立こそ、まさしく大聖人の出世の本懐成就であられる。

ゆえに日寛上人は、数多《あまた》の御真筆御本尊の中におけるこの「本門戒壇の大御本尊」の位置を

「なかんずく弘安二年の本門戒壇の御本尊は究竟中《くきょうちゅう》の究竟《くきょう》、本懐中《ほんがいちゅう》の本懐なり。すでに是《こ》れ三大秘法の随一《ずいいち》なり。況《いわ》んや一閻浮提総体《いちえんぶだいそうたい》の本尊なる故《ゆえ》なり」（観心本尊抄文段）

と御指南されている。

この大御本尊は、日興上人・日目上人・日道上人と歴代貫首《かんず》上人に次第相伝され、いま冨士大石寺に秘蔵厳護《ひぞうげんご》されて広宣流布の時を待ち給うておられる。

今日《こんにち》顕正会において入信者が、朝夕の勤行において遥拝《ようはい》し奉るのは、実にこの大御本尊である。たとえ距離《きより》をへだてるとも、「雷門《らいもん》の鼓《つづみ》は千万里《せんまんり》遠けれども打ちては須臾《しゅゆ》に聞《きこ》ゆ、乃至《ないし》、心こそ大切に候へ」との御指南のごとく、至心《ししん》の唱題は直《ただ》ちにこの大御本尊に達《たっ》し、渇仰《かつごう》の信心は直ちに御本仏の御心《みこころ》に通じ、以て現当《げんとう》二世《にせい》の大利益を蒙《こうむ》るのである。

平左衛門の現罰

さて、大謗法の人・平左衛門の末路《まつろ》はどうなったであろうか。

大聖人は、法華講衆断罪《だんざい》の報を受けた時、直ちに日興上人に書状を遣《つか》わされている。「聖人等御返事《しょうにんとうごへんじ》」である。

「彼等御勘気《ごかんき》を蒙るの時、南無妙法蓮華経と唱へ奉ると云云。偏《ひとえ》に只事《ただごと》に非《あら》ず。定めて平金吾《へいのきんご》の身に十羅刹《じゅうらせつ》入り易《かわ》りて法華経の行者を試《こころ》みたもうか。例せば雪山童子《せっせんどうじ》・尸毘王《しびおう》等の如し。将《は》た又悪鬼《あっき》其の身に入る者か。乃至、妙の字虚《むなし》からずんば、定めて須臾《しゅゆ》に賞罰有らんか。伯耆房《ほうきぼう》等深く此の旨を存じて問《もん》注《ちゅう》を遂《と》ぐ可《べ》し。平金吾《へいのきんご》に申す可《べ》き様《よう》は、去《いぬ》る文永《ぶんねい》の御勘気《ごかんき》の時の聖人の仰せ忘れ給うか、其の殃《わざわい》未だ畢《おわ》らざるに、重《かさ》ねて十羅刹《じゅうらせつ》の罰を招き取るか。最後に申し付けよ」と。

まず、熱原の法華講衆が頸《くび》を刎《は》ねられたとき「南無妙法蓮華経」と唱え奉ったことに深き御感《ぎょかん》を示し

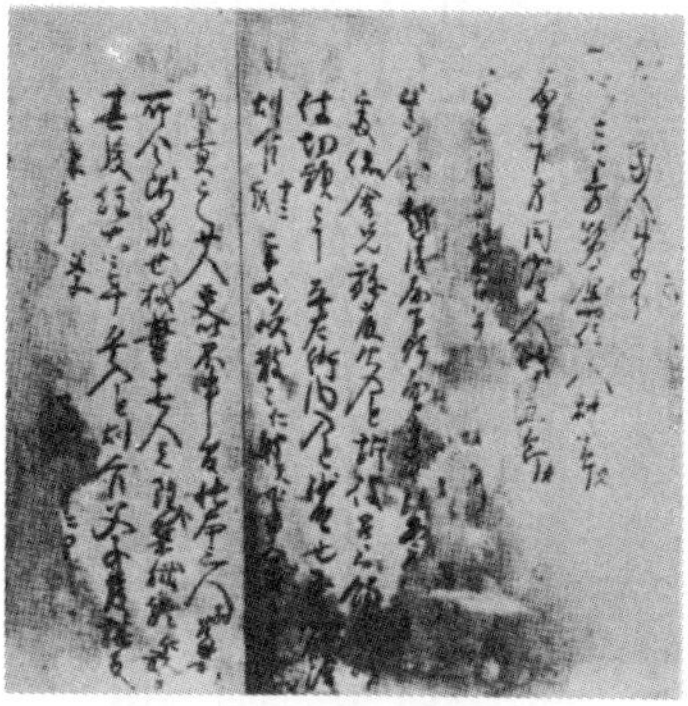

日興上人の「弟子分帳」

給い、さらに平左衛門の大悪行に対し「定めて須臾《しゅゆ》に賞罰《しょうばつ》有らんか」「重ねて十羅刹《じゅうらせつ》の罰を招き取るか」と厳しく叱咤《しった》されている。

果せるかな平左衛門は、これより十四年後の永仁《えいにん》元年、謀反《むほん》のくわだてが発覚《はっかく》し、誅戮《ちゅうりく》された。平左衛門だけではない、法華講衆を蟇目《ひきめ》の矢で射《い》た次男の飯沼判官《いいぬまほうがん》も共に頸《くび》を刎《は》ねられた。しかもその場所は、法華講衆を責《せ》めた自邸《じてい》の庭であった。

このことを日興上人は弟子分帳《でしぶんちょう》に次のごとく記《しる》されている。

「一　富士下方熱原郷《しもかたあつわらごう》の住人《じゅうにん》神四郎兄

一　富士下方同郷《どうごう》　の住人弥五郎弟

一　富士下方熱原郷の住人弥六郎

此の三人は越後房《えちごぼう》・下野房《しもつけぼう》の弟子廿人の内なり。弘安元年信じ始め奉る処《ところ》、舎兄弥藤次入道《しゃけいやとうじにゅうどう》の訴《うった》えに依って鎌倉に召上げられ、終《つい》に頸《くび》を切られ畢《おわ》んぬ。平左衛門入道の沙汰《さた》なり。子息飯沼判官《しそくいいぬまほうがん》十三歳　ひきめを以て散散《さんざん》に射て、念仏申すべき旨《むね》再三之《これ》を責むと雖《いえど》も、廿人更に以て之を申さざる間、張本《ちょうほん》三人を召し禁《とど》めて断罪《だんざい》せしむる所なり。枝葉《しよう》十七人は禁獄《きんごく》せしむと雖《いえど》も終《つい》に放《はな》ち畢《おわ》んぬ。其の後十四年を経《へ》て平《へい》の入道・判官父子《ほうがんふし》謀反《むほん》を発《おこ》して誅《ちゅう》せられ畢《おわ》んぬ。父子《ふし》これただ事にあらず、法華の現罰を蒙《こうむ》れり」と。

この詳細《しょうさい》の記録は、日興上人がこの大法難をいかに重視されていたか、また神四郎等法華講衆の不惜身命をいかに信徒の亀鏡《ききょう》とおぼされていたかを示し、同時にまた大謗法者・平左衛門の蒙った厳然たる大罰を、永く後世《こうせい》に伝えるべく、記《しる》し置かれたものである。

皇室への聖意

「紫宸殿の御本尊」

「戒壇の大御本尊」御建立の五ヶ月後、弘安三年三月、大聖人は「紫宸殿《ししんでん》の御本尊」を書顕《しょけん》された。この御本尊は、広宣流布の時天皇が受持されるべき御本尊として御用意されたもので、現在富士大石寺に秘蔵されている。

この「紫宸殿の御本尊」について総本山第四十八世・日量《にちりょう》上人は

「広布の時至り、鎮護《ちんご》国家《こっか》の為に禁裏《きんり》(宮中)の叡覧《えいらん》に入れ奉るべき本尊なり」(大石寺明細誌)

と指南されている。

京都・朝廷へ奏状

弘安四年にいたり、大聖人は日本国の真の国主である天皇に、三大秘法の正法を知らしめんと、この大事を日興上人に付し、日目上人を代官《だいかん》として京都へ趣《おもむ》かしめた。これが「園城寺申状《おんじょうじもうしじょう》」といわれる奏状《そうじょう》である。

そしてさらに翌五年、再び日目上人を上京させ、天意《てんい》を奉伺《ほうし》せしめた。時の天子・第九十一代後宇多《ごうだ》天皇は、園城寺《おんじょうじ》の碩学《せきがく》に見解《けんかい》を徴《ちょう》した上、大聖人の国を思う至誠《しせい》を嘉《よみ》し「朕《ちん》、他日《たじつ》法華を持《たも》たば、必ず富士山麓《さんろく》に求めん」との下《くだ》し文《ぶみ》を賜《たまわ》った。これが「弘安五年五月二十九日の御下文《おんくだしぶみ》」である。

これら皇室に対する大聖人の御意を拝し奉れば、甚深の聖意を感ずる。

それまでの三度の諫暁は、ことごとく鎌倉幕府に対してであった。これは政権掌握《しょうあく》の実力のうえから、幕府・執権を事実上の国主とみなされたゆえである。

しかし日本国の真の国主は天皇である。三大秘法有縁の妙国日本の国主として、この大法を永遠に守護し、日本および世界を安泰ならしむる使命を有するのが日本皇室である。

ここに、当時皇室は衰微《すいび》して国主としての威光勢力《いこうせいりき》を失っているとも、未来の広布を望《のぞ》み、仏法守護の大使命に目覚《めざ》ましむるべく、あらかじめ下種結縁《げしゅけちえん》あそばしたものと拝し奉るものである。

蒙古再び襲来

さて蒙古のことであるが、第一回の襲来は文永十一年の十月であった。しかしこれで他国侵逼《たこくしんぴつ》は終ったのではない。大聖人は〝蒙古は再び襲来すべし〟との意を、諸抄に仰せられている。

下種本仏成道御書に云く

「又今度寄《よ》せ来《く》るならば、いかにも此の国弱々《よわよわ》と見ゆるなり」

乙御前御消息《おとごぜんごしょうそく》に云く

「又今度寄《よ》せなば、先には似るべくもあるべからず。京と鎌倉とはただ壱岐《いき》・対馬《つしま》の如くなるべし」

撰時抄に云く

「いまにしもみよ。大蒙古数万艘《すまんそう》の兵船《ひょうせん》をうかべて日本国を責《せ》めば、上一人より下万民にいたるまで、一切の仏寺《ぶつじ》・一切の神寺《しんじ》をばなげすてゝ、各々《おのおの》声をつるべて『南無妙法蓮華経・南無妙法蓮華経』と唱え、掌《たなごころ》を合せて『たすけ給え日蓮の御房《ごぼう》・日蓮の御房』とさけび候はんずるにや。……提婆達多《だいばだった》は釈尊の御身に血をいだしゝかども、臨終の時には『南無《なむ》』と唱えたりき。『仏《ぶつ》』とだに申したりしかば地獄には堕《お》つべからざりしを、業《ごう》ふかくして但《ただ》『南無』とのみ唱《とな》へて『仏』とはいわず。今日本国の高僧等も『南無日蓮聖人』と唱《とな》へんとすとも、『南無』計《ばか》りにてやあらんずらん。ふびん・ふびん」と。

さらに弘安二年八月の異体同心事《いたいどうしんのこと》に云く
「蒙古の事、すでに近づきて候か」と。
いずれの御文も、第一回襲来以後の御書である。

軍船四千余隻

この御予言のごとく、弘安四年五月、再び蒙古は押し寄せて来たのであった。

蒙王は蒙古国五代の世祖《せいそ》・フビライ。この時国号《こくごう》を「元《げん》」と称し、その勢力圏は東は朝鮮半島はもとより、ベトナム・タイ・ビルマにもおよび、史上空前の大帝国を建設していた。

このフビライが、第一回侵攻の経験をふまえ、今度こそ日本全土を蹂躙《じゅうりん》かつ占領せんと、入念なる準備と陣容を整《ととの》えて襲って来たのである。

二軍に分けられたその総勢はなんと十四万二千、艦船《かんせん》は四千四百隻《せき》。前回の兵力二万五千および九百余隻と比べたら、その差は格段、まさに空前の大軍であった。

博多湾を覆《おお》う蒙古の軍船を見て、肝《きも》を潰《つぶ》さぬ者はいなかった。海上一帯は兵船ならざるはなく、船上は軍兵ならざるはない。

先兵はすでに対馬《つしま》に上陸し、壱岐《いき》にも押し寄せた。全島で目を覆うような殺戮《さつりく》が始まった。

蒙王フビライ

当時の記録「八幡愚童訓《はちまんぐどうくん》」にはその惨状を

「人民堪《た》えかねて妻子を引き具《ぐ》して深山に逃げ籠《こも》るところ、赤子《あかご》の鳴き声を聞きつけて押し寄せ殺しける程《ほど》に、片時《かたとき》の命も惜しければ、さしも愛する嬰《えい》児《じ》をさし殺してぞ隠《かく》れける。子を失い親ばかりいつまであらん命ぞと、泣き歎く心中《しんちゅう》いかにせん。世の中に糸惜《いとお》しき物は子なりけり、それにまさるは我が身なりけり」と伝えている。

この大軍を以てすれば、京・鎌倉まで蹂躙《じゅうりん》されるは必至《ひっし》。京都で報に接した公卿《くげ》の一人・勘解由小路兼仲《かげゆこうじかねなか》は、その日記に

「怖畏《ふい》のほか、他《ほか》になし」と、その恐怖を記《しる》している。

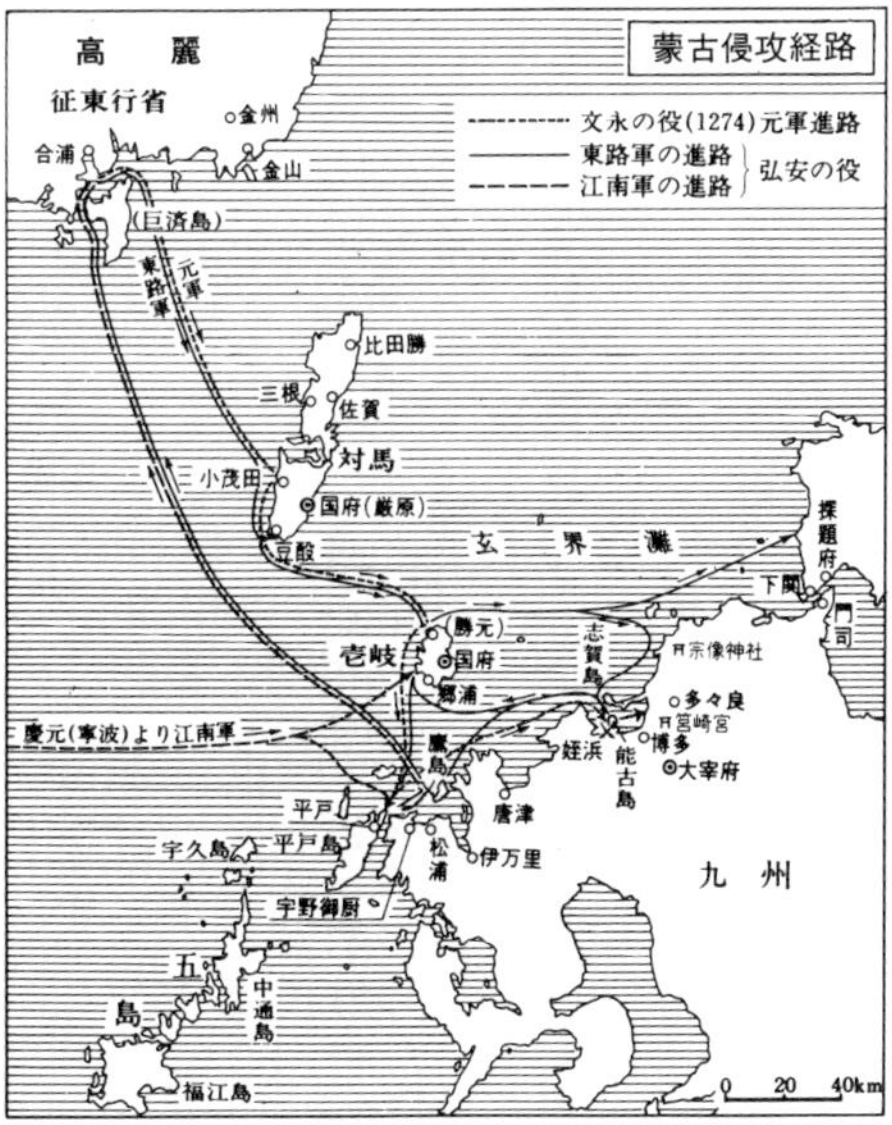

日本国まさに亡びんとす。対馬・壱岐を侵した第一軍は、主力の第二軍と合流すべく平戸島《ひらとじま》の沖で待つ。やがて集結した十四万二千、四千四百隻の大艦隊は、七月下旬九州鷹島《たかしま》に上陸を開始した。

この上陸が完了すれば、日本は亡びる。……

だが、その矢先、七月三十日夜半から猛烈な暴風雨が荒れ狂い、翌日まで続いた。またしても蒙古の

軍船は大いに破損し、撤退《てったい》を余儀《よぎ》なくされたのであった。

日本が亡びなかった理由

二度の蒙古襲来にもかかわらず、日本は亡びなかった。後世の学者の中にはこれを見て、「国の亡びん事疑いなし」との大聖人の予言は当らずと、軽慢《きょうまん》の言葉を吐《は》く者もある。

この事についてぜひ一言述べておかねばならない。

〃蟹《かに》は甲羅《こうら》に似《に》せて穴を掘る〃という。人は自らの智恵と心情に応じて事を推《お》し計《はか》る。凡夫の浅智・低劣の心情を以て、どうして大慈大悲の御本仏の御意《ぎょい》がわかろうか。

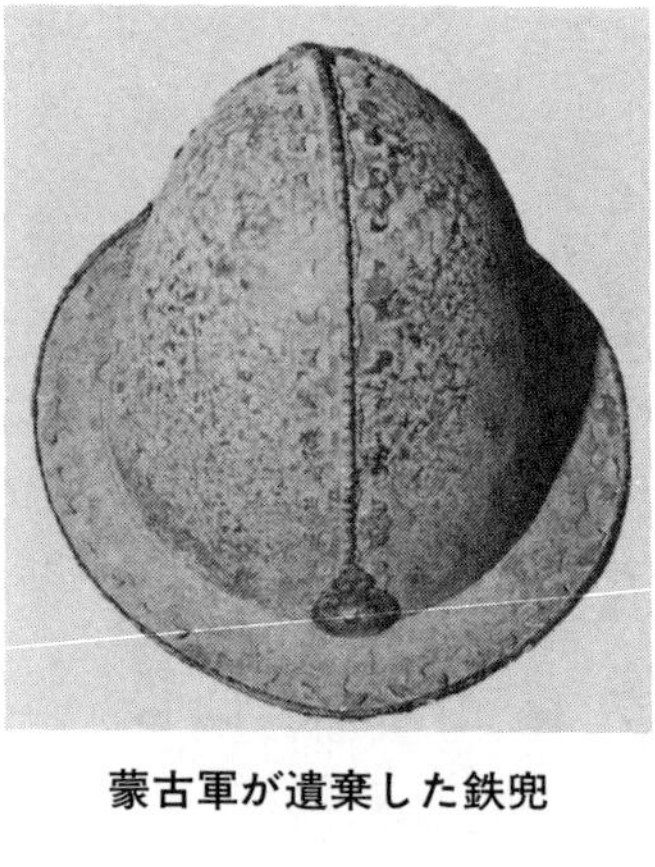

蒙古軍が遺棄した鉄兜

日本国が亡びなかったのは、実に日蓮大聖人の御守護によるのである。

考えても見よ。蒙古の兵が敗退したのは日本の武力によったのではない。二度が二度とも、不思議の大風のおかげであった。もし武力を以て戦ったならば、日本全土が壱岐・対馬のごとくになったことは一点の疑いもない。ゆえに大聖人は「国の亡びん事疑いなし」と、慢心の謗法者を厳しく誡め給うたのである。

だが大聖人の御予言は、その適中《てきちゅう》を誇り自讃《じさん》するためになされたのではない。その御意は、実に日本国の一切衆生を現当二世《げんとうにせい》にわたって救い、国を安んぜんとし給うところにある。

たとえば、慈父《じふ》が子の過《あやま》ちを責めるのに「汝もしその過《あやま》ちを改めなければ必ず身を亡ぼすであろう」というのと同じ。父の心は、子をして身を全《まっと》うせしめ、家を全《まっと》うせしむるにある。大聖人の御諫暁また然《しか》りである。

しかるに三度の諫めも用いず謗法いよいよ強まるゆえ、これを改悔《かいげ》せしめて無間《むげん》地獄の大苦を救わんと、蒙古の責めを諸天に命じ給うたのである。

ゆえに王舎城事《おうしゃじょうのこと》に云く

「法華経の敵《かたき》となりし人をば、梵天《ぼんてん》・帝釈《たいしゃく》・日月《にちがつ》・四天《してん》、罰し給いて皆人に見懲《みこ》りさせ給へと申しつけて候。乃至《ないし》、大慈大悲の力、無間《むげん》地獄の大苦を今生に消さしめんとなり」と。

かくて一国をゆるがす二度の大罰に、日本国の上下は震撼《しんかん》として大聖人の御威徳を感じ、心田《しんでん》に仏種《ぶっしゅ》を植《う》えた。ことに執権・北条時宗は心中《しんちゅう》改悔《かいげ》の思いを深くした。ゆえに大聖人は日本を守護し給うたのである。

また日本は三大秘法が全世界に広宣流布する根本の妙国である。もしこの国が亡んだら、全人類を救うべき仏法も破滅《はめつ》する。「若《も》し此の国土を毀壊《きえ》せば、復《また》仏法の破滅疑い無き者なり」（立正安国論御勘由来）と。すでに御本仏ましまし、戒壇の大御本尊ましますうえは、義において日本はすでに仏国である。

このゆえに大聖人は守護し給うたのである。

ゆえに弘安二年の滝泉寺《りゅうせんじ》申状《もうしじょう》に云く

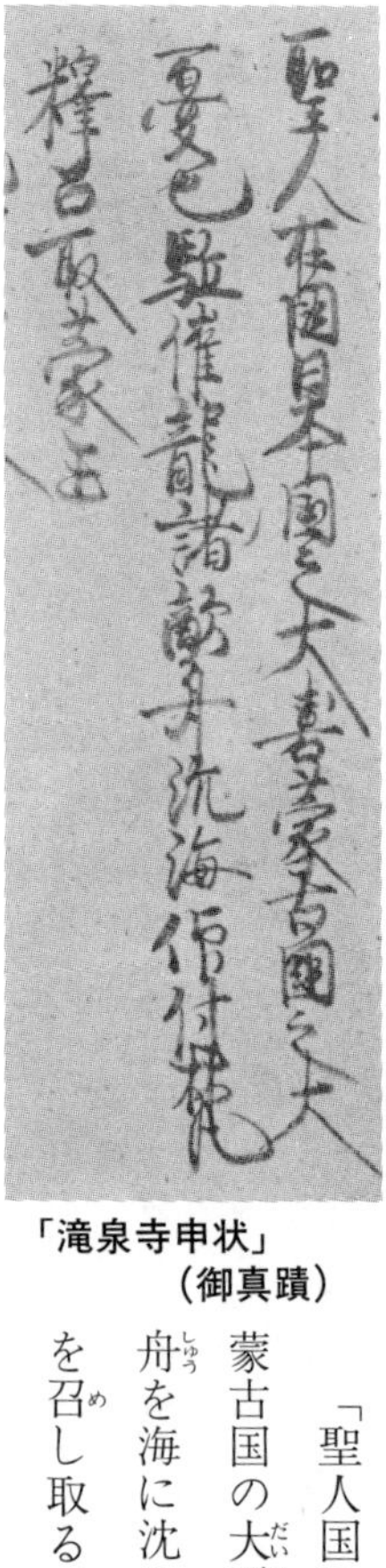

「滝泉寺申状」（御真蹟）

「聖人国に在《あ》るは日本国の大喜《だいき》にして蒙古国の大憂《だいゆう》なり。諸竜《しょりゅう》を駆《か》り催《もよお》して敵《てき》舟《しゅう》を海に沈め、梵《ぼん》・釈《しゃく》に仰せつけて蒙王《もうおう》を召《め》し取るべし」と。

この御文を拝すれば、二度の蒙古の襲来において、二度とも大風によって蒙古が撤退《てったい》したこと、そのゆえがよくわかろう。

まさに、諸天に命じて蒙古を襲来せしめたのも、また諸天に命じて日本を守らしめたのも、すべては大聖人の御力用《ごりきゆう》による。かくて大聖人は、一切衆生を現当二世（現世と来世）にわたって御守護下された。その大慈大悲を深く思うべきである。

まことに、親を打つ子はあっても、親は子を捨てない。大聖人は日本国の一切衆生の主・師・親であられる。ゆえにその大誓願《だいせいがん》に云く

「我《われ》日本の柱とならむ、我日本の眼目《げんもく》とならむ、我日本の大船とならむ等と誓いし願《がん》、やぶるべからず」（開目抄）と。

御本仏の誓願のなんと堅固《けんご》なる、その慈悲のなんと曠大《こうだい》なる。ただ頭《こうべ》を垂《た》れ合掌《がっしょう》するのみである。

第十五章　付　嘱

法華経の涌出品《ゆじゅっぽん》には「如来《にょらい》は安楽にして少病少悩《しょうびょうしょうのう》なり」とある。仏は常に安穏であるが、病に託《つ》いて教《きょう》を興《おこ》し、入滅に寄せて常住を教えるゆえに、少しく病《や》み、少しく悩むということである。

大聖人は御体質《ごたいしつ》極めて強健《きょうけん》であられ、およそ病床《びょうしょう》に臥《ふ》されるということはなかった。しかし御本仏といえども御身《おんみ》は父母《ふも》所生《しょしょう》の肉身《にくしん》であれば、立宗以来二十余年の御激闘、まして極寒《ごっかん》と飢渇《けかち》の佐渡御流罪は、どれほどその御身をいためまいらせたことであろうか。また身延山の寒気はことのほか厳しい。

大聖人は漸《ようや》く衰老《すいろう》を感じ給い、少病《しょうびょう》の相《そう》を現じ給うた。阿仏房《あぶつぼう》御返事には

「大覚世尊《だいかくせそん》説いて曰く『生老病死《しょうろうびょうし》・生住異滅《しょうじゅういめつ》』等云々。既《すで》に生を受けて齢《よわい》六旬《ろくじゅん》に及ぶ、老《ろう》又疑い無し。只残る所は病・死の二句《にく》なるのみ。然るに正月より今月六月一日に至り連々《れんれん》此の病《やまい》息《や》むこと無し。死ぬる事疑い無き者か」

また弘安四年五月、池上兄弟に与えられた御消息には

「此の法門申し候事すでに廿九年なり。日日の論義《ろんぎ》・月々の難・両度の流罪に身つかれ、心いたみ候

いし故にや、此の七・八年間が間、年年《としどし》に衰病《すいびょう》をこり候いつれども、なのめにて候いつるが、今年は正月より其の気分《けぶん》出来《しゅったい》して、既に一期《いちご》終《おわ》りになりぬべし。其の上齢《よわい》既に六十にみちぬ。たとひ十に一《ひとつ》今年は過《す》ぎ候とも、一・二をばいかでか過《す》ぎ候べき」（八幡宮造営事）と。

まことに一切衆生のため、流罪・死罪を忍受《にんじゅ》して尊き御身を痛《いた》めまいらせたこと、偲《しの》び奉ればただ胸に熱きものがこみ上げてくる。

ここに大聖人は御入滅の近きをおぼしめされ、弘安五年九月に至って、日興上人に三大秘法を付嘱《ふぞく》し給うた。付嘱とは、仏が滅後に大法を伝えるため、弟子に法を付託《ふたく》・相承《そうじょう》することである。

師弟不二の御境界

仏法の付嘱《ふぞく》は「唯授一人《ゆいじゅいちにん》」といって、必ずただ一人《いちにん》に法が付《ふ》される。ゆえに釈迦仏は上行菩薩に、天台大師は章安《しょうあん》に、また伝教大師は多くの弟子の中から義真《ぎしん》一人を選んで付嘱している。

いま大聖人は滅後の大導師として、日興上人を定め給うたのである。

日興上人の信行・智徳が遠く諸弟を超《こ》えたものであることは前《さき》にも述べたが、その常随給仕《じょうずいきゅうじ》の赤誠、折伏弘通の熱烈は諸弟の比肩《ひけん》するところではなかった。ことに富士方面における死身弘法《ししんぐほう》は、大聖人の出世の本懐の機縁となった熱原の大法難をも巻き起こしている。日昭《にっしょう》・日朗《にちろう》・日向《にこう》等の他の高弟に、このような法難を招くほどの弘通は全く見られない。

日寛上人は日興上人の徳を嘆《たん》ぜられて

「吾が開山上人《かいさんしょうにん》は智は先師に等しく、徳は諸弟に超《こ》えたり」（当流行事抄）と述べられている。

まさに日興上人は、全く御本仏大聖人と一体不二《いったいふに》の御境界であられたのである。

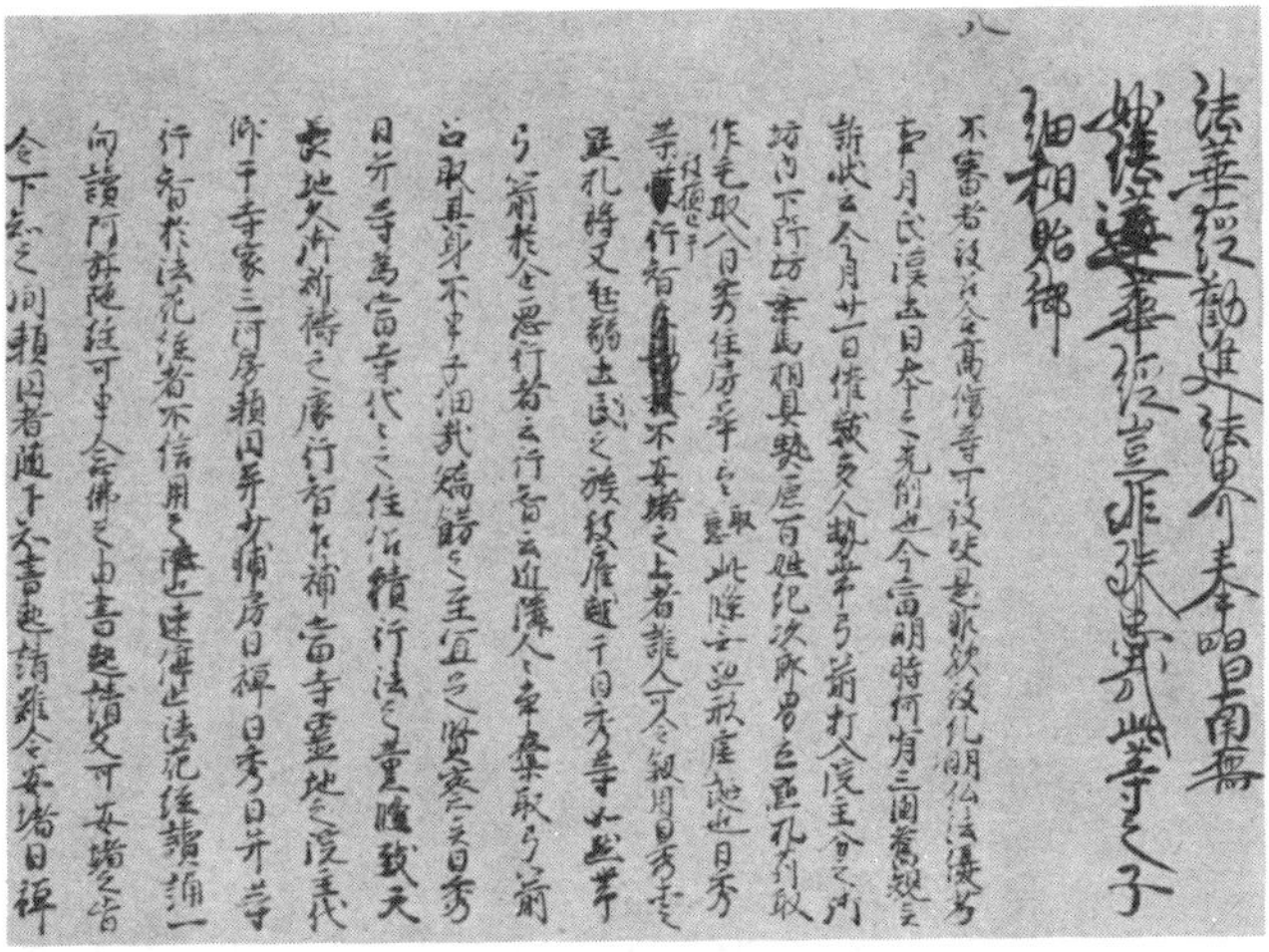

「滝泉寺申状」草案　首三行は大聖人御真蹟、以下日興上人御筆

一体不二の御事蹟

いまその事蹟《じせき》の一・二を拝すれば、たとえば「滝泉寺申状《りゅうせんじもうしじょう》」は、その三分の二を大聖人がお書きになり、残りは日興上人が書き添《そ》えられている。一体不二の御境界でなくて、どうしてこのような所作がなせようか。

また日蓮正宗の一末寺仙台・仏眼寺《ぶつげんじ》に「飛曼荼羅《とびまんだら》」と通称される御本尊がある。日興上人の御書写で、御判形《ごはんぎょう》だけが大聖人というまことに不思議な御本尊である。脇書《わきがき》の日付けは文永五年十月十三日となっている。文永五年十月十三日といえば、大聖人が十一通申状を発せられた二日後で、未だ発迹顕本以前である。

大聖人の御真筆御本尊には、文永《ぶんねい》・建治《けんじ》・弘安《こうあん》と、年代によってその座配《ざはい》・相貌《そうみょう》に差異《さい》が見られる。すなわち文永・建治年間の御本尊は未究竟《みくきょう》、弘安元年以後の御本尊は究竟《くきょう》の御本尊である。なかんずく弘安二年の「本門戒壇の大御本尊」こそ、究竟中の究竟、本懐中の本懐であられる。

しかるに、この文永五年の「飛曼荼羅《とびまんだら》」の座配《ざはい》・相貌《そうみょう》は、まさしく弘安年中のそれなのである。なんとも凡慮《ぼんりょ》の及ばぬところである。

ここにおいて「本尊七箇之相承《しちかのそうじょう》」を拝するに、大聖人は、日興上人が波に映《うつ》る大聖人の御影《おんかげ》を「南無妙法蓮華経　日蓮在御判」の御本尊と見奉り、これを書き顕わした旨を仰せられている。

「日興は、浪《なみ》の上に婆《ゆら》れて見《あら》われ給いつる処《ところ》の本尊の御形《おんすがた》なりしをば、能《よ》く能《よ》く似《に》せ奉るなり」と。

日興上人は、波に映《うつ》る大聖人の御影《おんかげ》に、戒壇の大御本尊のお姿を見奉ったのである。そしてそのお姿を写しまいらせて大聖人の御印可《ごいんか》を頂いたものが、恐らくこの文永五年十月十三日の御本尊なのであろう。この時日興上人はわずか二十三歳であられた。

いずれにしても、御本仏と一体不二の御境界を拝し得る貴重な事蹟《じせき》である。

一期弘法付嘱書

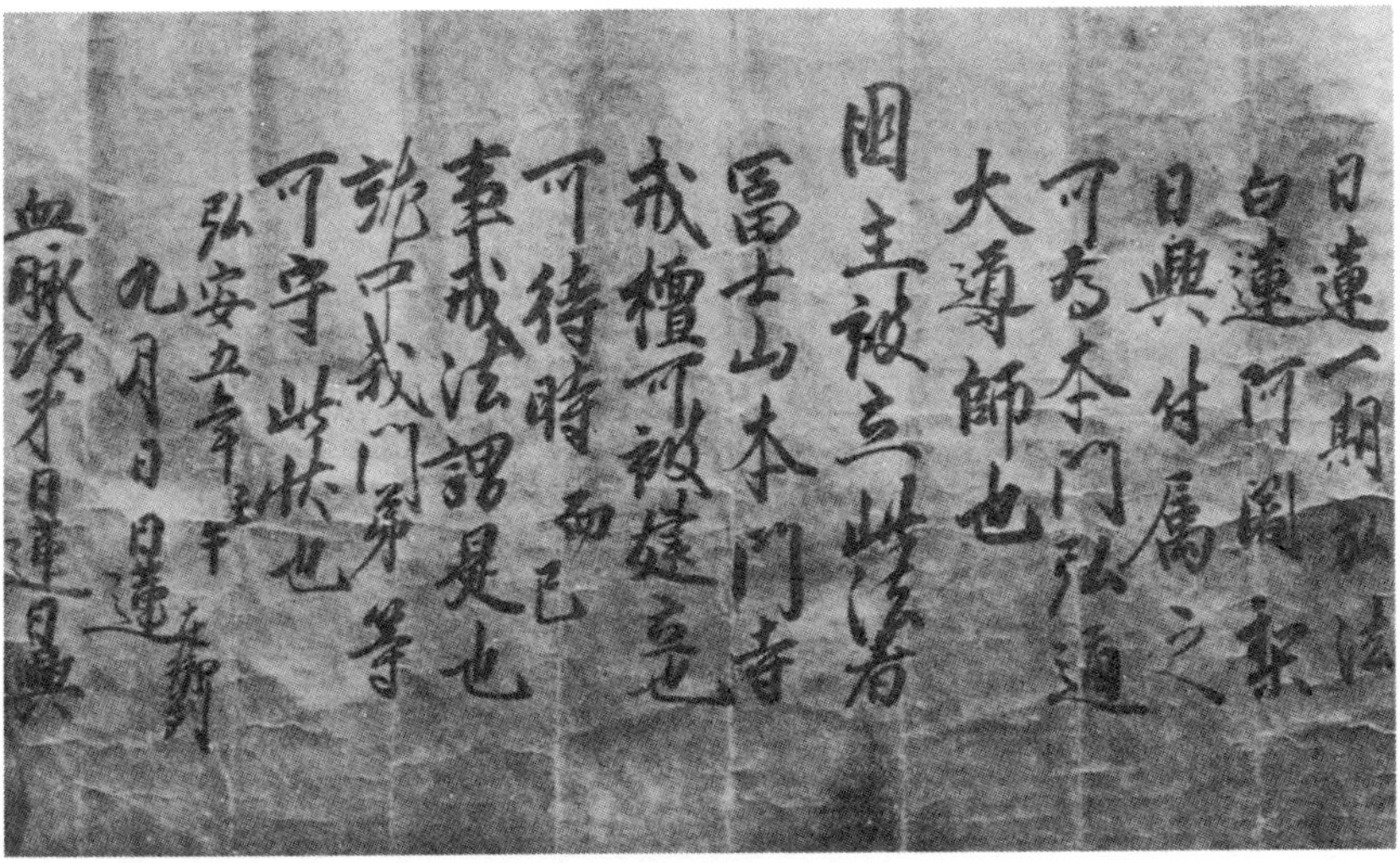
日蓮一期弘法
白蓮阿闍梨
日興付属之
可為本門弘通
大導師也
国主被立此法者
富士山本門寺
戒壇可被建立也
可待時而已
事戒法謂是也
就中我門弟等
可守此状也
弘安五年壬午
九月日　日蓮　在御判
血脈次第日蓮日興

「一期弘法付嘱書」（写本）

弘安五年九月、大聖人は日興上人に「本門戒壇の大御本尊」を付嘱《ふぞく》あそばし、滅後の大導師に任ぜられた。その証状《しょうじょう》が次の「一期弘法付嘱書《いちごぐほうふぞくしょ》」である。

「日蓮一期《いちご》の弘法《ぐほう》、白蓮阿闍梨《びゃくれんあじゃり》日興に之《これ》を付嘱す。本門弘通《ほんもんぐづう》の大導師《だいどうし》たるべきなり。国主此《こ》の法を立てられば、富士山に本門寺《ほんもんじ》の戒壇《かいだん》を建立《こんりゅう》せらるべきなり。時を待つべきのみ。事《じ》の戒法《かいほう》と謂《い》うは是《これ》なり。就中《なかんずく》我が門弟等此《こ》の状《じょう》を守るべきなり。

弘安五年壬午九月　日　　　日蓮　在御判《ざいごはん》

血脈《けちみゃく》の次第　日蓮　日興」

「日蓮一期《いちご》の弘法《ぐほう》」とは、大聖人の一期《いちご》の大事たる「本門戒壇の大御本尊」の御事《おんこと》である。いまこの御本尊を日興上人に付嘱して滅後の大導師に任じ、本門戒壇の建立を御遺命《ごゆいめい》あそばされたのである。

この「一期弘法付嘱書」は、一代御化導を総括《そうかつ》された御付嘱状であれば、この中に三大秘法と末法下種の三宝《さんぼう》が顕われている。

まず三大秘法を御文に拝すれば、「日蓮一期の弘法」とは「本門の本尊」。また「本門弘通」とは、題目を唱えることを弘通するのであるから、所弘《しょぐ》に約して「本門の題目」。また「富士山に本門寺の戒壇」とは、まさしく「本門の戒壇」である。

次に末法下種の三宝（仏・法・僧）を拝すれば、「日蓮」とは仏宝《ぶっぽう》、「一期の弘法」とは「本門戒壇の大御本尊」の御事であるから法宝《ほうぼう》、「日興」とは仏法を後世に伝持《でんじ》・流通《るつう》される僧宝《そうぼう》である。

以上、下種仏法の枢要《すうよう》たる三大秘法と三宝が、この御付嘱状に顕然《けんねん》と顕われている。

御遺命の本門戒壇とは

大聖人の唯一の御遺命が本門戒壇の建立であることは「一期弘法付嘱書《いちごぐほうふぞくしょ》」に明らかであるが、ではこの本門戒壇とはどのようなものなのか、その具体的内容を御指南下されたのが、「三大秘法禀承事《ぼんじょうのこと》」である。

この三大秘法抄は弘安五年四月八日、太田金吾に与えられたもので、滅後において門下の中で本門戒壇について異議《いぎ》を生じた場合を慮《おもんぱか》られ、太田金吾にあらかじめ密示《みつじ》された重要な御書である。

この中に、本門戒壇について、いかなる時、いかなる手続《てつづき》で、いかなる場所に建立すべきかが明示されている。その御文を拝する。

「戒壇とは、王法《おうぼう》仏法に冥《みょう》じ仏法王法に合《がっ》して、王臣一同に本門の三大秘密《さんだいひみつ》の法を持《たも》ちて、有徳王《うとくおう》・覚徳比丘《かくとくびく》の其の乃往《むかし》を末法濁悪《じょくあく》の未来に移さん時、勅宣《ちょくせん》並びに御教書《みぎょうしょ》を申し下《くだ》して、霊山浄土《りょうぜんじょうど》に似たらん最勝の地を尋ねて戒壇を建立す可《べ》き者か。時を待つ可《べ》きのみ。事《じ》の戒法《かいほう》と申すは是《こ》れなり。三国《さんごく》並びに一閻浮提《いちえんぶだい》の人《にん》・懺悔滅罪《ざんげめつざい》の戒法のみならず、大梵天王《だいぼんてんのう》・帝釈《たいしゃく》等も来下《らいげ》して蹋《ふ》み給うべき戒壇なり」と。

少々解説を加える。

まず戒壇建立の「時」についての御指南が「王法仏法に冥じ……未来に移さん時」までの御文である。

「王法仏法に冥じ、仏法王法に合して」とは、一国の政治が、日蓮大聖人の三大秘法こそ国家安泰・衆生成仏の唯一の正法であることを認識し、これを尊崇守護《そんそうしゅご》することである。

その具体的な姿を示されたのが次の御文である。

「王臣一同に本門の三大秘密の法を持ちて、有徳王《うとくおう》・覚徳比丘《かくとくびく》の其の乃往《むかし》を末法濁悪の未来に移さん時」と。

すなわち日本国の国主たる天皇も、諸大臣も、全国民も、一同に「本門戒壇の大御本尊」を信じて南無妙法蓮華経と唱え、この正法を守護するにおいては身命も惜しまぬとの熱烈の護法心が一国にみなぎる時、と仰せられる。このような状況が日本国に現出《げんしゅつ》した時が、戒壇建立の時である。

次に戒壇建立の手続については
「勅宣《ちょくせん》並びに御教書《みぎょうしょ》を申し下して」と定められている。

「勅宣」とは国主たる天皇の詔勅《しょうちょく》、「御教書」とは当時幕府の令書《れいしょ》、今日においては国会の議決がこれに当る。まさしく「勅宣並びに御教書」とは、正法護持の「国家意志《こっかいし》の表明」ということである。

なにゆえ戒壇建立に当って、大聖人はかかる手続を定め給うたのであろうか。謹んで案ずるに、戒壇建立の目的は仏国の実現にある。されば一個人・一団体の正法護持では国土の成仏は叶《かな》わない。一国の総意が国家意志にまで凝集《ぎょうしゅう》し、その公式表明によって戒壇が立てられてこそ、始めて国家・国土は成仏し、仏国が実現するのである。ゆえに「国家意志の表明」は、戒壇建立に欠くべからざる必要手続なのである。

このゆえに、御遺命の「本門戒壇」を、冨士大石寺では「国立戒壇《こくりつかいだん》」と称《しょう》して来たのである。

次に場所については
「霊山浄土《りょうぜんじょうど》に似たらん最勝の地」と仰せられている。ここには地名が略されているが、「一期弘法付嘱書」には「富士山に」と特定されている。さらに日興上人は富士山の中には南麓《なんろく》の最勝の地「天生ヶ《あもうが》原《はら》」を、その地と定められている。

「大坊棟札本尊」の裏書

ゆえに日興上人が書写された大石寺の「大《たい》坊《ぼう》棟《むな》札《ふだ》本《ほん》尊《ぞん》」の裏書《うらがき》には

「国主此の法を立てらるる時は、当国《とうこく》天母原《あもうはら》に於《お》て、三堂《さんどう》並びに六万《ろくまん》坊《ぼう》を造営《ぞうえい》すべきものなり」

と記《しる》されている。「三堂」とは、「本門戒壇堂」と日蓮大聖人の「御《み》影堂《えいどう》」ならびに「垂迹堂《すいしゃくどう》」である。

また日寛上人は

「事《じ》の戒壇とは、すなわち富士山天《あ》生原《もうはら》に戒壇堂を建立するなり」（報恩抄文段）と明記されている。

富士山は日本列島のほぼ中央に位置し、日本第一の名山である。郡名《ぐんみょう》を取って「富士山」と通称されているが、古来よりの実名は「大日蓮華山《だいにちれんげざん》」という。三大秘法有縁《うえん》の本国土は全世界の中には日本、日本の中には富士山、富士山こそ三大秘法の住処《じゅうしょ》なのである。ゆえに大聖人は戒壇建立の地をここに定め給うたのである。

本門戒壇の建立を待つ富士山　右手前の小高い丘が安母山
麓に広がる平野が天生ヶ原

以上、戒壇建立についての御聖意まことに明らかである。かかる本門戒壇が建立された時、始めて日本は仏国となる。すなわち一国に不惜身命の護法心みなぎる時、国家意志の表明を以て富士山に国立戒壇が立てられれば、日本国の魂《たましい》は御本仏の当体たる「本門戒壇の大御本尊」となる。御本仏を魂とする国はまさしく仏国ではないか。

この仏国は金剛《こんごう》不壊《ふえ》である。ゆえに立正安国論に云く「仏国其れ衰えんや、乃至宝土何ぞ壊《やぶ》れんや」と。竜の口における御本仏の厳然の威容を拝するならば、仏国の不壊《ふえ》もまた確信できよう。

次に「時を待つべきのみ」とは勧誡《かんかい》である。

勧《かん》とは、広宣流布は大地を的とするところであるから、身命を惜まず弘通せよとの勧奨《かんしょう》。誡《かい》とは、時来らざる以前に戒壇を立てることの断じて不可《ふか》なることを誡《いまし》め給うのである。もし一国の謗法《ほうぼう》と邪正《じゃしょう》を決《けっ》せぬうちに戒壇を立てれば、邪正肩を並べ謗法を容認《ようにん》することになるからである。

「三国並びに一閻浮提《いちえんぶだい》の人懺悔滅罪《ざんげめつざい》の戒法のみならず、大梵天王《だいぼんてんのう》・帝釈《たいしゃく》等も来下《らいげ》して蹋《ふ》み給うべき戒壇なり」

とは、本門戒壇の広大なる利益を示されたものである。この戒壇は日本のためだけではない。中国・印度さらには全世界の人々の懺悔滅罪《ざんげめつざい》の戒法である。いや人界だけではない、その利益は天界にまで及ぶのである。ゆえに「大梵天王・帝釈等……」と仰せられる。なんと広大無辺の大利益ではないか。

「本門戒壇の大御本尊」は、日本および全世界の人類に総じて授与された御本尊である。かかる全人類のための大法を、日本が国運を賭しても守り奉る。これが日本国の使命である。

日本は御本仏出現の国であり、三大秘法広宣流布・根本の妙国であるから、この義務と大任を世界に対して負うのである。かかる崇高《すうこう》なる国家目的を持つ国が世界のどこにあろう。人の境界に十種あるごとく、国にも十界がある。戦禍《せんか》におびえる国は地獄界であり、飢餓《きが》に苦しむ国は餓鬼界であり、侵略をこととする国は修羅界である。いま全人類の成仏の大法を、全人類のために、国運を賭《と》しても護持する国があれば、まさしく仏界の国というべきである。

そして全世界がやがてこの大法にめざめ、富士山に建立された本門戒壇を中心とすれば、すなわち世界が仏国土となる。この時、三災七難はなくなり、現今世界経済を蝕《むしば》んでいる厖大《ぼうだい》な軍事費も無用となり、この地上から戦乱と貧困と飢餓は消滅する。そして全人類は心豊かに三大秘法を修行し、一生成仏を遂げていくのである。

教行証御書《きょうぎょうしょうごしょ》に云く

「前代未聞《ぜんだいみもん》の大法此の国に流布《るふ》して、月氏《がっし》・漢土《かんど》・一閻浮提《いちえんぶだい》内の一切衆生、仏に成るべき事こそ有難けれ、有難けれ」と。

まさに太陽系の第三惑星・地球は事《じ》の寂光土《じゃっこうど》となる。これこそ大聖人の究極《きゅうきょく》の御願業《ごがんぎょう》であられる。そしてこの実現の鍵こそ、実に日本の広宣流布・国立戒壇の建立にあるのである。

近年、日蓮正宗の中の一信徒団体・創価学会が、政治野心から国立戒壇の御遺命を放棄《ほうき》し、未だ広宣流布も達成せぬ以前に「正本堂《しょうほんどう》」なるものを大石寺境内《けいだい》に立て、これを「御遺命の本門戒壇」と称して世間を欺《あざむ》き、さらに邪宗に諂《へつら》ってこの「正本堂」にローマからのキリスト神父を招き入れたこと等は、まさに御本仏の御遺命に背き奉った重大なる僻事《ひがごと》である。

しかし「大悪起《おこ》れば大善きたる」（大悪大善御書）と。日興上人以来国立戒壇を唯一の宿願《しゅくがん》として来た正系門家《せいけいもんけ》において、このような「大悪」の起きたことは、遠からず御遺命実現の「大善」が来《きた》ることの瑞相《ずいそう》と確信する。

第十六章　御入滅

妙法比丘尼《びくに》御返事に

「去《い》ぬる文永《ぶんねい》十一年五月十二日相州《そうしゅう》鎌倉を出《い》で、六月十七日より此の深山《しんざん》に居住《こじゅう》して、門《かど》一町を出《いで》ず」と仰せのごとく、身延に入山以来、大聖人は一度もこの山を出《いで》給うことはなかった。しかし、御入滅近き弘安五年の秋、九ヶ年御在住のこの山を、いよいよ出山《しゅつざん》あそばされた。

釈尊は霊鷲山《りょうじゅせん》において法華経を説いたのち、霊鷲山《りょうじゅせん》の丑寅《うしとら》（東北）にあたる跋提河《ばつだいが》のほとり沙羅林《しゃらりん》で涅槃《ねはん》を現じ、いま末法の御本仏は、身延山において「本門戒壇の大御本尊」を建立されたのち、身延山の丑寅《うしとら》にあたる多摩川《たまがわ》のほとり池上の里を、御入滅の地と定め給うたのである。

弘安五年九月八日、波木井実長《はきりさねなが》が献《けん》じた栗鹿毛《くりかげ》の馬を召された大聖人は、日興上人以下の門弟ならびに波木井の公達《きんだち》等に衛護《えいご》されながら、ゆっくりと身延山を下られた。

道中十一日、九月十八日に武州《ぶしゅう》池上の地頭・右衛門大夫宗仲《えもんのたゆうむねなか》の邸《やしき》に御到着。そして翌日、大聖人は身延の地頭・波木井実長《はきりさねなが》に、九ヶ年在住の謝意をこめた書状を遣《つか》わされた。

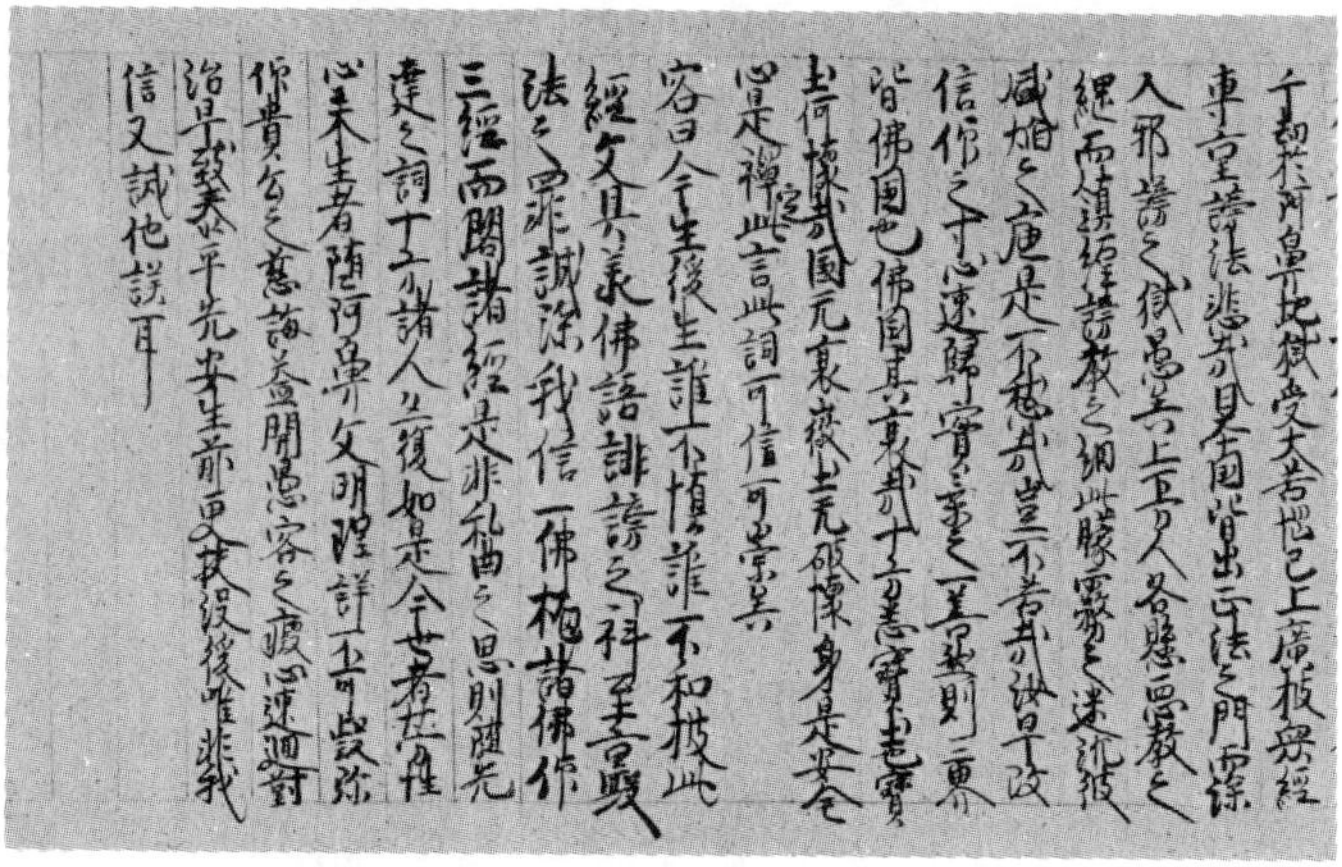

大聖人御真蹟「立正安国論」（建治の広本）の末文

最後の御説法

大聖人の池上邸御逗留《ごとうりゅう》を伝え聞いた遠近《おんごん》の門下一同は、続々と池上の館《やかた》に馳《は》せ参じて来た。

これら参集の一同に対し、大聖人は九月二十五日より、立正安国論を諄々《じゅんじゅん》とお説きになられた。まさしく最後の御説法である。これ門下一同に、仏国の実現すなわち広宣流布・国立戒壇建立を、総じて御遺命《ごゆいめい》あそばしたのである。

さらに大聖人は、御身を案じまいらせる一同に対し、「我れ死する時には、必ず大地・震動《しんどう》すべし」と仰せられた。

本弟子六人の撰定

十月八日、大聖人は主《おも》だった弟子を集め、本弟子《ほんでし》六人を定《さだ》めることを示され、日興上人に筆記を命じ、この「定《さだめ》」の状を六人がそれぞれ所持するよう指示された。

この六人はいずれも一門の高弟、各任地に多くの弟子を持つ法将《ほうしょう》である。いま大聖人は改めて六人を「本弟子《ほんでし》」と定め、それぞれ任地の棟梁《とうりょう》として大法弘通に励《はげ》むよう、総じて命じ給うたのである。

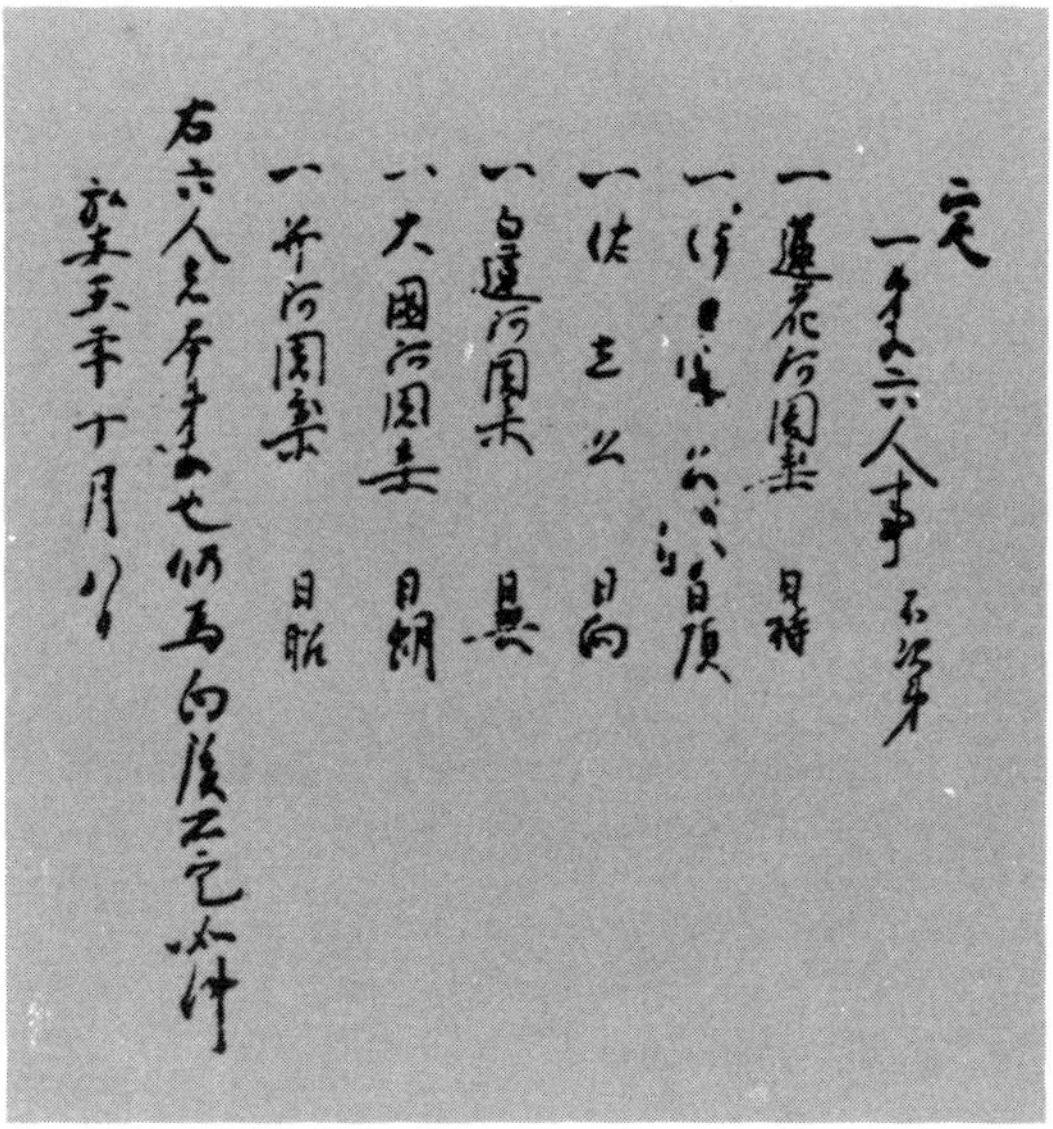

「宗祖御遷化記録」（日興上人御筆）

定《さだめ》
一、弟子六人の事　不《ふ》次《し》第《だい》
一、蓮華阿闍梨《れんげあじゃり》　日持《にちじ》
一、伊与公《いよこう》　日頂《にっちょう》
一、佐土公《さどこう》　日向《にこう》
一、白蓮阿闍梨《びゃくれんあじゃり》　日興《にっこう》
一、大国阿闍梨《だいこくあじゃり》　日朗《にちろう》
一、弁阿闍梨《べんあじゃり》　日昭《にっしょう》
右六人は本弟子なり。仍《よ》って向後《こうご》の
為に定むる所件《くだん》の如し。
弘安五年十月八日

ただし、唯授一人《ゆいじゅいちにん》の別付嘱《べっぷぞく》はすでに日興上人になされている。日興上人こそ唯一人《ただいちにん》の「本門弘通の大導師」であり、六人の上首《じょうしゅ》である。したがってこの「本弟子」の序列は、ただ入門の順位に随って配列されたもので、智徳《ちとく》の次第を示すものではない。ゆえに書状の初めに敢《あ》えて「不次第《ふしだい》」と念記《ねんき》されているのである。

釈尊は神力品《じんりきほん》において上行菩薩一人に文底秘沈《もんていひちん》の大法を別付嘱し、そののち嘱累品《ぞくるいぼん》において上行菩薩を含む迹化《しゃっけ》・他方《たほう》の諸大菩薩に、文底の大法以外の法華経ならびに一代諸経を付し総じて弘通を勧奨《かんしょう》されている。いわゆる「摩頂付嘱《まちょうふぞく》」である。

大聖人は「一期弘法付嘱書」を以て「本門戒壇の大御本尊」を日興上人一人に別付嘱し、その後いま池上において日興上人を含む六人の本弟子に、総じて弘通を命じ給うたのである。

身延山付嘱書

御入滅の日の早朝、さらに大聖人は日興上人に、身延山久遠《くおん》寺《じ》の別当職《べっとうしょく》（貫主《かんず》）を付嘱された。いわゆる「身延山付嘱書」である。

「釈尊五十年の説法、白蓮阿闍梨日興《びゃくれんあじゃりにっこう》に相承《そうじょう》す。身延山久遠《くおん》寺《じ》の別当《べっとう》たるべきなり。背く在家出家どもの輩《やから》は非法《ひほう》の衆たるべきなり。

弘安五年壬午十月十三日　　日蓮　在御判

武州《ぶしゅう》池上《いけがみ》」

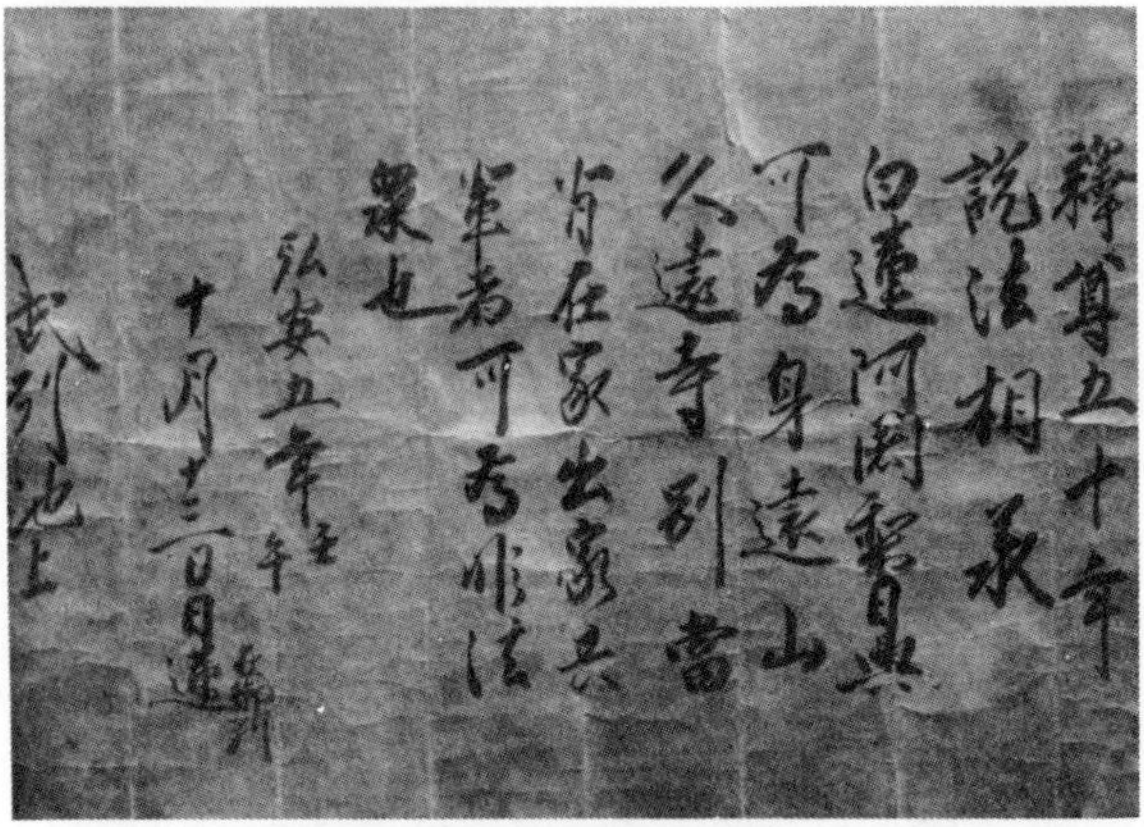
釋尊五十年
説法相承
白蓮阿闍梨日興
可為身延山
久遠寺別當
背在家出家共
輩者可為非法
衆也
弘安五年壬午
十月十三日　日蓮　在判
武州池上

「身延山付嘱書」（写本）

前《さき》の「一期弘法付嘱書」の法体付嘱《ほったいふぞく》に対し、これは一門の本寺の貫主職《かんずしょく》の付嘱である。両々相俟《りょうりょうあいまっ》て、日興上人の滅後門下における大導師たることは、誰の眼にも明らかである。ここにおいて大聖人は、もし日興上人に背く者あれば「非法《ひほう》の衆たるべきなり」と厳しく誡め給うたのである。

立像を退く

さらに大聖人は、伊豆御流罪以来つねに傍《そば》に置かれていた「釈迦の立像《りゅうぞう》」を「墓所《はかしょ》の傍《かたわら》に立て置く可《べ》し」（宗祖御遷化記録）と退《しりぞ》けられ、御入滅の用意として妙法五字の御本尊を中央に奉掲《ほうけい》せしめた。

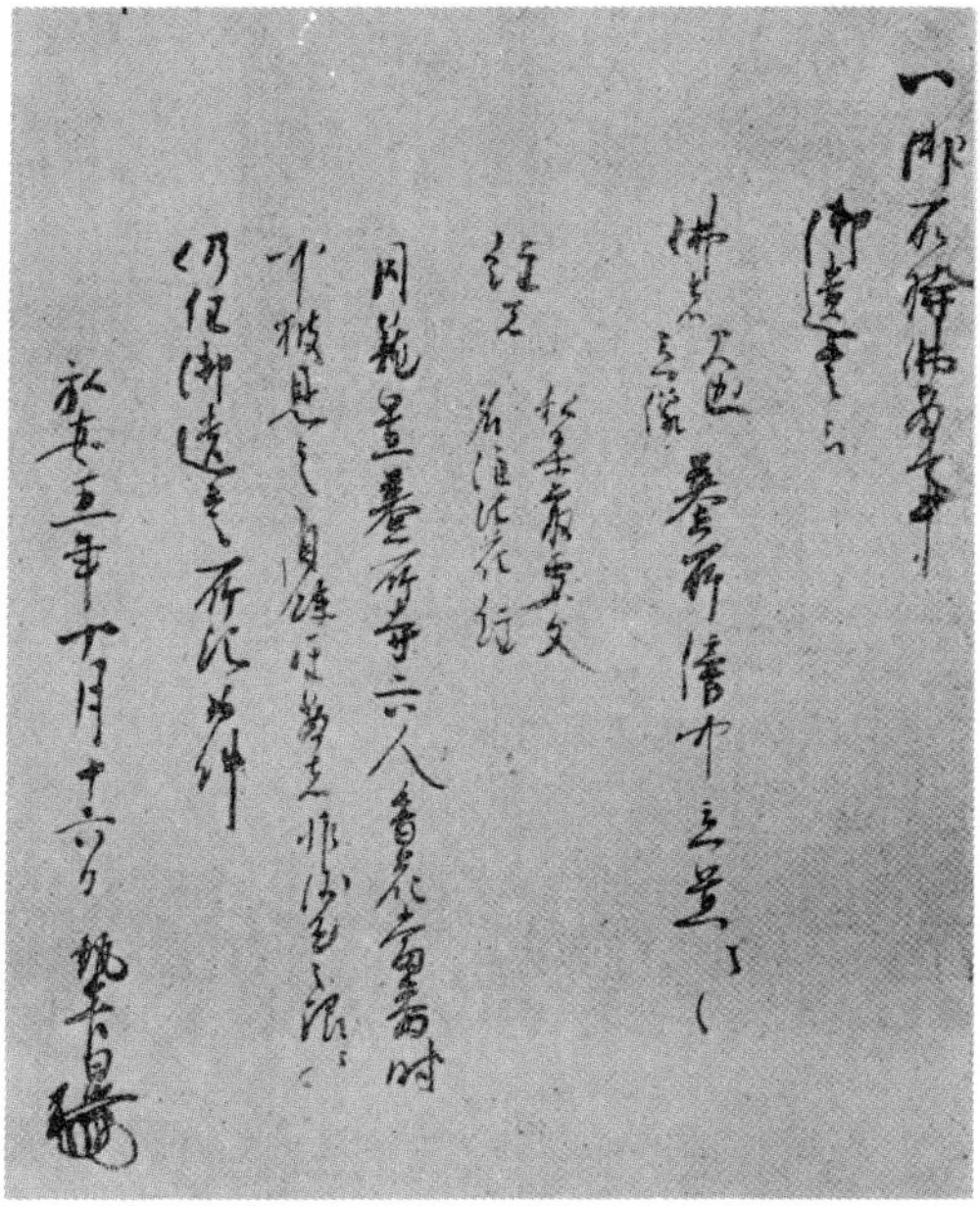
「宗祖御遷化記録」（日興上人御筆）

この「釈迦の立像《りゅうぞう》」は伊豆御流罪のおり、地頭の伊東朝高《ともたか》が帰依のしるしに、海中より出現した仏像を大聖人に献《けん》じたものである。

大聖人がこれを身を離さず所持されたのは、釈迦の一体仏《いったいぶつ》といえども、大聖人の観見《かんけん》の前には一念三千即自受用《いちねんさんぜんそくじじゅゆう》の本仏と映《えい》じ給うゆえで、我等凡夫が真似《まね》をすべきことではない。

いま御入滅に当ってこの「立像」を退けられたことは、機《き》根《こん》未《み》熟《じゅく》の弟子に対して立像への執着を断たしめ、末法正《しょう》意《い》の本尊が妙法五字の大《だい》曼《まん》荼《だ》羅《ら》にあることを、最後に御教示下されたのである。

御入滅

御入滅の時は迫った。大聖人は御《ご》自《じ》筆《ひつ》の御本尊に向い、静かに寿量品を誦《ず》し給うた。おそばにはべる日興上人以下の法弟は静かにその御声に和《わ》し奉る。やがて唱題の声は低く徐《しず》かに室内に満ちる。その中に、大聖人は安《あん》詳《じょう》として御入滅あそばされた。――時に弘安五年十月十三日辰《たつ》の刻《こく》、聖《せい》寿《じゅ》六十一歳。

御入滅と同時に大地はゆらゆらと揺《ゆ》れ動き、鎌倉の諸人は口々に「日蓮御《ご》房《ぼう》の御《ご》他《た》界《かい》」（御伝土代）と悼《いた》みまいらせたという。日興上人の御《ご》遷《せん》化《げ》記《き》録《ろく》には

「同十三日辰《たつ》の時・御《ぎょ》滅《めつ》御六十一年、即《そく》時《じ》に大地・震《しん》動《どう》す」

とある。またこの時、初《しょ》冬《とう》というのに池上邸《てい》の庭の桜がいっせいに咲き乱れた。

まさに天地法界をあげて、御本仏の御入滅を悲しみ奉り、その瑞《ずい》を現わしたのである。

嗚《あ》呼《あ》――久《く》遠《おん》元《がん》初《じょ》の自《じ》受《じゅ》用《ゆう》身《じん》・末法下種の主《しゅ》師《し》親《しん》・御本仏日蓮大聖人は、ここに一代御化導のすべてを終え、滅《めつ》に非《あらざ》る滅を現《げん》じ給う。その忍《にん》難《なん》慈《じ》勝《しょう》の御《お》振《ふる》舞《ま》いを偲《しの》びまいらせれば、誰か紅《こう》涙《るい》頬《ほほ》を伝わらざる。誰か「南無日蓮大聖人」と合掌せざる。この大恩は、たとえ香《こう》城《じょう》に骨を摧《くだ》き、雪《せつ》嶺《れい》に身を投げると

も報《ほう》ずることはできない。

大聖人の御法魂《ごほうこん》はいま「本門戒壇の大御本尊」と成《な》り給い、富士大石寺にまします。そして、その御遺命たる広宣流布・国立戒壇建立は、未だ達成されていない。

ただし、広宣流布は甚だ近くにあるを感ぜずにはいられない。今こそ顕正会員は熱原の法華講衆の信心を濁悪《じょくあく》の今日に移し、国立戒壇建立に死力を尽くし、以て御本仏日蓮大聖人の御報恩に擬《ぎ》し奉るべきである。

—以上—

南無日蓮大聖人

初版発行　昭和62年12月13日
六版第五刷発行　平成27年7月16日

著者　浅井昭衞

発行所　冨士大石寺顕正会
埼玉県さいたま市大宮区寿能町一―七二―一
電話　〇四八（六五〇）八一一一